Alfred J. Kremer

Reich durch Beziehungen

Durch die richtigen Kontakte zum Erfolg

Die Deutsche Bibliothek – CIP-Einheitsaufnahme

Kremer, Alfred J.:
Reich durch Beziehungen : durch die richtigen Kontakte zum Erfolg / Alfred J. Kremer. – 3. Auflage – Landsberg/Lech : mi, Verl. Moderne Industrie, 2001
ISBN 3-478-24920-1

3. Auflage 2001
2. Auflage 2000

© 2000 verlag moderne industrie, 86895 Landsberg a. Lech
http://www.mi-verlag.de
Umschlaggestaltung: Farenholtz, Landsberg
Umschlagfotografie: Marc Schwär, Berlin
Satz: Fotosatz Reinhard Amann, Aichstetten
Druck: Himmer, Augsburg
Bindearbeiten: Thomas, Augsburg
Printed in Germany 24920/020101
ISBN 3-478-24920-1

Alfred J. Kremer
Reich durch Beziehungen

Inhaltsverzeichnis

Wenn Sie ein Jahr Glück wollen, säen Sie Korn.
Wenn Sie zehn Jahre lang Glück wollen,
pflanzen Sie Bäume.
Wenn Sie ein Leben lang glücklich sein wollen,
säen Sie Kontakte zu Menschen.

Vorwort

Zum Lesen dieses Buches müsste eigentlich etwas erfunden werden, was es so noch nicht gibt: eine Brille, die es erlaubt, die Dinge gleichzeitig zu sehen und zu begreifen. Denn die Inhalte – beispielsweise über Beziehungen, Beziehungsmanagement, Absichtslosigkeit, über Spannungsbilanzen und Marktplätze für Kunden und auch über den Bauern, der immer an seinen Reispflanzen zog – gehören alle zusammen. Sie bedingen einander, sie fließen ineinander und sind nicht voneinander zu trennen.

Warum das so ist? Bereits im Wort „Beziehungen" steckt inhaltlich, dass die Sachverhalte und Zusammenhänge, über die hier nachgedacht und berichtet wird, untereinander vernetzt sind. „Beziehungsmanagement" hat immer mit mindestens zwei Personen zu tun. Man muss viele Stränge gleichzeitig denken und doch immer eines im Blick haben: das Entstehen und die Pflege von Beziehungen.

Alle diese Gedankenlinien werden einzeln im Buch nacheinander dargestellt. Damit ein geschlossenes „gleichzeitiges Bild" entstehen kann, wurden zahlreiche Querverweise eingefügt. Und doch stellen Sie beim Lesen immer wieder fest, dass es Leerstellen gibt, vielleicht sogar einzelne scheinbare Widersprüche.

Daher ist meine große Bitte an Sie: Versuchen Sie, sich den gesamten Zusammenhang aller Kapitel zu „erlesen". Versuchen Sie, „Beziehung" nicht isoliert nur etwa als Managementaufgabe oder als Pflege der Adresskartei zu verstehen. Beziehung ist auch dieses – aber eben nicht nur!

Nun heißt das Buch „Reich durch Beziehungen". Dabei ist mir der Doppelsinn wichtig, der im Wort liegt. Selbstverständlich wird man reich – im materiellen Sinne –, wenn man Beziehungen pflegt und dieses als einen Teil seines Geschäftes begreift. Es gibt viele Unternehmen, die durch Beziehungsmanagement groß geworden sind. Sie lesen davon im Buch.

Aber der Buchtitel will noch etwas anderes. Er will darauf hinweisen, dass man vor allem auch innerlich reich wird, wenn man Beziehungen eingeht. Denn dies hat mit Menschen zu tun, auf die man sich einlässt, von denen man lernt, die man neu kennenlernt – zum Beispiel durch dieses Buch. Verschenken Sie's, und Sie werden feststellen, dass damit ein erster Schritt zum Aufbau eines Netzwerkes getan ist. Ich hab's ausprobiert – mit diesem Manuskript! Man verwickelt Sie in Gespräche, Sie machen neue Kontakte und lernen interessante Menschen und Sichtweisen kennen. Und im Leben kommt es immer auf die Kontakte und Beziehungen an, die man unmittelbar und persönlich macht. Das weiß ich aus jahrelanger Erfahrung. Ich habe mich immer dagegen gewehrt, im Verkauf irgendwelche Namen und Listen abzutelefonieren. Nur der persönliche Kontakt, über den man weitergereicht wird, bringt den Erfolg.

Und auch hier gilt die Vernetzung der Zusammenhänge. Zum Entstehen einer Beziehung sind viele Faktoren nötig. Eine Beziehung ist kein Schalter, bei dem man den Knopf nach links legt, die Beziehung anschaltet und sofort Geld verdient. So einfach geht das nicht. Eine Beziehung will wachsen.

Sehe ich mir unsere Zeit an, bin ich fest davon überzeugt, dass wir – vor allem in der Wirtschaft – auf völlig neue Weise über Beziehungen nachdenken müssen. Derjenige, der das macht und seine Erkenntnisse in die Praxis umsetzt, wird zu einer neuen Wirtschaftselite gehören. Wir brauchen solche positiven Revolutionäre!

Es würde mich freuen, wenn dieses Buch dazu beiträgt, das Thema „Beziehungen" ein Stück weit zu erhellen.

Ihr
Alfred J. Kremer

Grußwort Edgar K. Geffroy

Haben Sie schon einmal ein Vorwort für jemanden geschrieben, mit dem Sie täglich oder fast täglich telefonieren? Ohne Zweifel habe ich schon eine ganze Menge Vorworte geschrieben, keines ist mir bisher so schwer gefallen wie dieses Vorwort zum Buch „Reich durch Beziehungen".

Ich kenne viele Schlüsselsätze von Alfred J. Kremer bereits seit langem und sehr gut. Oft wird mir der Wahrheitsgehalt aber erst mit Zeitverzögerung bewusst.

Ein Satz lautet: „Behandle jeden Menschen, wie du selbst behandelt werden möchtest." Ich sagte diesen Satz heute meinem Sohn, und er wurde sehr nachdenklich, weil er sich kurz vorher völlig anders verhalten hatte.

Ein anderes Zitat von Alfred J. Kremer lautet: „Gras wächst auch nicht schneller, wenn man daran zieht." Damit ist gemeint, dass Beziehungen Geduld brauchen. Und er hat Recht. Da ich sehr ungeduldig bin, habe ich es lernen müssen.

Kennen Sie die Qualität Ihrer Beziehungen? Haben Sie ein System, um Beziehungen aufzubauen? Welchen Stellenwert hat Beziehungsmanagement in Ihrem Unternehmen? Diese Fragen werden in immer mehr Unternehmen und von immer mehr Menschen gestellt werden.

Wir werden in diesem Jahrtausend den Wert von Beziehungen wiederentdecken. Ich gehe noch einen Schritt weiter: „Es wird eine Wiederentdeckung des Menschen geben." Alfred J. Kremer sieht seit dem ersten Tag unseres Kennenlernens die Würde des Menschen als unantastbar an. Ich habe erlebt, wie er Enttäuschungen hinnehmen musste und trotzdem nicht von seinem Weg abgegangen ist. Dafür bewundere ich ihn oft. Er sagt immer: „Wir gehen unseren Weg." Und dieser Weg stellt den Menschen in den Mittelpunkt. Nur so konnte er sicher bereits frühzeitig die Bedeutung von Beziehungsmanagement erkennen und aktiv in seine Arbeit als Vorstand der Firma Rothmann einbauen. Der Erfolg gibt ihm Recht.

Erstaunlich ist, dass es zum Thema Beziehungsmanagement im Business praktisch keine Literatur gibt. Die Psychologie beschäftigt sich mit Partnerbeziehungen und Elternbeziehungen zu Kindern. Erstaunlich. Denn Beziehungen sind das elementare Bindeglied unserer Existenz.

Erstaunlich auch, dass das Thema bisher so wenig erforscht wurde, und noch erstaunlicher, dass es keine Systemansätze gibt. Damit betritt Alfred J. Kremer durchaus noch Niemandsland. Und das bei einem Thema, bei dem jeder mindestens aus privater Sicht glaubt mitreden zu können. Ist es nicht fast komisch? Jeder glaubt, etwas zum Thema „Kunde" getan zu haben, obwohl es erst Anfang der 90er Jahre weltweit systematisiert und organisiert worden ist. Sie wissen, ich habe dafür den Begriff „Clienting" geprägt. Clienting ist für mich heute eine Unternehmensstrategie die den Erfolg mit Menschen in den Mittelpunkt stellt. Dabei spielen der Aufbau, das Halten und das Ausbauen von Beziehungen eine entscheidende Rolle. Wie mache ich das?

Alfred J. Kremer hat mit diesem Buch einen Klassiker geschaffen. Mit handfesten Beispielen und sofort umsetzbaren Hilfen hat er auf spannende Art und Weise ein begeisterndes Plädoyer für den Aufbau von Beziehungen gehalten.

In dieser Form gibt es kein anderes Buch. Dieses Buch darf als persönliches Erfolgssteigerungssystem in keinem Haus fehlen.

Auch mir wurde erst durch das Lesen dieses Buches bewusst, dass auch Beziehungen klaren Regeln und Gesetzmäßigkeiten unterliegen. Halten Sie diese ein, werden Sie wachsen. Sie werden Ihren Erfolg steigern können. Persönlich wie auch geschäftlich. Werden Sie dadurch reich? Ich kenne einige, die durch die Umsetzung von Alfred J. Kremers Konzepten wirklich reich geworden sind. Aber der wirkliche Sinn dieses Titels geht weiter, denn erfolgreich durch Beziehungen können wir alle werden. Füllen Sie Ihr „Beziehungskonto" auf. Dieses Buch gibt konkrete Anleitungen.

Wir leben in einer Welt zunehmender Turbulenzen. Kein Job ist mehr sicher, keine Firma mehr vor Existenzsorgen gefeit, keine Karriere mehr bis zur Rente planbar. Aber was können Sie planen? Ihr Beziehungssystem. Und damit den Erfolg Ihres gesamten Lebens.

Genießen Sie dieses einmalige Buch von Alfred J. Kremer. Es ist der Schlüssel zur Zukunft.

Ihr
Edgar K. Geffroy
Clienting-Gründer

Grußwort Bodo Schäfer

Was können wir tun, um motiviert zu bleiben? Wie können wir erreichen, dass wir unsere guten Vorsätze auch wirklich in die Tat umsetzen? Woher wollen wir die Kraft nehmen?

Die Antwort ist verblüffend einfach. Wir brauchen eine Art Zaubertrank. Es ist wie bei Asterix und Obelix. Wo liegt das Geheimnis ihrer Stärke? Sie sind so stark, weil sie einen Zaubertrank haben. Dieser Zaubertrank ist unser Umfeld. Das Umfeld entscheidet darüber, ob wir stark sind oder aufgeben. Obelix hatte Glück. Er fiel bereits als Kind in den Kessel mit dem Zaubertrank und wurde dadurch geprägt. Asterix hatte dieses Glück nicht. Er musste vor jeder Keilerei erneut den Zaubertrank zu sich nehmen. Ob Asterix oder Obelix – es ist nie zu spät, sich einen Zaubertrank zu brauen. Sie können jederzeit damit beginnen, Einfluss auf Ihr Umfeld zu nehmen, sodass Ihr Umfeld auch auf Sie Einfluss (zurück-)ausübt, der Ihnen hilft.

Es gibt keinen besseren Weg, sich selber zu helfen, als anderen zu helfen. Ich glaube, dass es keinen Faktor in der Persönlichkeitsentwicklung gibt, der so ausschlaggebend für unsere Entwicklung ist, wie unser Umgang. Darum ist es so schade, dass diesem Thema so wenig Aufmerksamkeit gewidmet wird.

Ganz gleich, mit wem ich mich unterhalte, ob mit dem Multimilliardär Thomas Haffa oder mit Papst Johannes Paul II., jeder erfolgreiche Mensch ist sehr stark von seiner Umgebung geprägt worden. Thomas Haffa hat mit 20 Jahren von einem Vorbild einen wichtigen Buchtipp bekommen; Papst Johannes Paul II. sagt von sich, dass es den Papst Johannes Paul II. nicht geben würde, wenn es den Kardinal Wyszynski nicht gegeben hätte. Die Liste ließe sich endlos fortsetzen.

Ich persönlich habe die für mich wichtigen Erfolge meines Lebens vor allem meinen beiden Coaches zu verdanken.

Damit stehen nun zwei Begriffe im Raum: Coach und Beziehungsnetzwerk. Was von beiden ist effektiver? Was von beiden ist wünschenswerter? Ich glaube, dass diese Frage nicht pauschal beantwortet werden kann, sondern sich sehr stark nach der Befindlichkeit des Einzelnen richtet. Als meine Persönlichkeit noch sehr wenig ausgeprägt war und ich große Schwierigkeiten hatte, mit Problemen und Schwierigkeiten umzugehen, tat mir eine Coaching-Beziehung sehr gut. In einer solchen Beziehung muss man allerdings in der Lage sein, sich absolut unterzuordnen, und man muss den unbändigen Wunsch zum Lernen und Wachsen haben. Eine Coaching-Beziehung setzt voraus, dass wir noch einmal Schüler sein können. Heute bin ich nicht mehr in einer Coaching-Beziehung, bin aber sehr stolz auf mein Beziehungsnetzwerk. Alle Menschen innerhalb dieses Netzwerkes coachen mich auf eine besondere Weise. Der eine führt eine glückliche Ehe, von der ich lernen kann. Ein anderer ist ein leidenschaftlicher Sportler, der mich immer neu animiert. Ein dritter weiß mehr über den neuen Markt als ich. Ein vierter kann mich mit seiner Ruhe und Gelassenheit „anstecken"…

Sicherlich stehen wir erst am Anfang der Forschung, inwieweit wir durch andere Menschen beeinflusst werden. So viel ist aber heute schon sicher: Wir lernen durch nichts so sehr wie durch unseren Umgang. Nichts prägt uns so sehr wie unsere Umgebung. Ich würde es gerne mit einem ganz einfachen Bild veranschaulichen: Wenn wir uns vorstellen, dass unsere Augen Kameras und unsere Ohren Mikrofone sind, die alles aufnehmen, was sich um uns herum abspielt, so wird all dieses Material in unserem Unterbewusstsein gespeichert. Wenn wir uns nun vorstellen, dass diese ganze Information auf Videokassetten gespeichert würde, was glauben Sie wohl würde passieren, wenn wir diese Videokassetten abspielten? Die Antwort ist einfach. Wir würden genau das sehen, was wir zuvor aufgenommen haben, bzw. genau das hören. Ich glaube, so ist es mit uns Menschen. Im Wesentlichen spielen wir in unserem Leben genau das ab, was wir aufgenommen haben. Aus diesem Grund ist es so wichtig, dass wir uns mit sogenannten „Vor-Bildern" umgeben, mit Menschen, die uns in einem Teil des Lebens ein Vorbild sind, die uns ein Bild dessen vorhalten, was wir einmal sein wollen. Ich bin mir sicher, dass wir in einigen Jahrzehnten ziemlich genaue wissenschaftliche Erklärungen haben, warum dies so ausgezeichnet funktioniert. Bis dahin müssen wir uns mit verhältnismäßig einfachen Erklärungen begnügen.

Als Herr Kremer mich gebeten hat, für sein Buch ein Vorwort zu schreiben, habe ich mich aus drei Gründen darüber gefreut:

1. Weil mir dieses Thema sehr am Herzen liegt. Um es noch einmal deutlich zu sagen: Ich habe den Menschen, die mich geprägt haben, alles zu verdanken. So etwas vergisst man nicht.
2. Dieses Buch ist ein ausgezeichneter Ratgeber. Der Leser wird an die Hand genommen und erlebt, wie er zu einem reichen Beziehungsnetzwerk kommen kann. Die Checklisten und Tipps sind äußerst hilfreich. Ich kenne weder in der englischen noch in der deutschen Sprache ein Buch, das auch nur annähernd so komplex dieses Thema behandelt und das dem Leser genau den Nutzen gibt, den es verspricht: reich zu werden durch Beziehungen – und zwar in jeder Hinsicht.
3. Ich habe Herrn Kremer als jemanden kennen gelernt, der genau das auslebt, was er in diesem Buch beschreibt. Und zwar meisterlich. Bei jeder Begegnung hat er nicht nur versucht, mir die Zeit so angenehm wie möglich zu gestalten, sondern er war auch bemüht, mir einen Wert zu geben. Stets konnte ich erleben, dass er sich in meine Situation hineingedacht und wirklich Energie und Kreativität

darauf verwandt hat, um mir persönlich weiterzuhelfen. Eine solche Einstellung ist immer der Beginn einer guten Beziehung.

Ich wünsche darum Ihnen, liebe Leser, viel Spaß bei der Lektüre und auch zündende Ideen, wie Sie noch reicher durch Beziehungen werden können. Ideen in Hülle und Fülle werden Sie in diesem Buch dazu finden. Denken Sie daran: Jeder erfolgreiche Mensch war ein Meister im Aufbau und Unterhalten von Beziehungsnetzwerken.

Herzlichst
Ihr

Bodo Schäfer

Danke

Viele Erfahrungen, viele Erfolgserlebnisse und auch viele Misserfolge sind notwendig, damit so ein Buch entstehen kann. Ich möchte allen danken, die bewusst und nicht bewusst dafür gesorgt haben, dass ich viele prägende Dinge erleben durfte. Es sind zahlreiche Menschen – mehr als ich hier aufzählen kann.

Einige wenige möchte ich jedoch erwähnen. Sie ermöglichten es letztlich, dass dieses Buch tatsächlich geschrieben wurde.

Zuallerst möchte ich meinem Freund und Geschäftspartner Edgar K. Geffroy für seine Unterstützung, seine Hilfe, seine Motivation und auch für seine Kritik danken. Als Bestsellerautor und Clienting-Papst hat er mir sein Wissen zur Verfügung gestellt. Er ist sowohl beruflich als auch privat eine außergewöhnliche Persönlichkeit. Bei seinen über 1 000 Vorträgen zum Thema „Kunde" ist er immer noch so hoch motiviert wie am ersten Tag.

Vielen Dank sage ich auch meiner Assistentin Sybille Hörl für die mittlerweile 10-jährige Unterstützung. Sie versteht es meisterlich, Beziehungsmanagement umzusetzen.

Bei meinen beiden Vorstandskollegen Rüdiger Wolff und Hans Otto Mahn möchte ich mich für ihr Vertrauen, ihre Hilfe und ihre Unterstützung bedanken. Wir haben es geschafft, über eine große Entfernung (Hamburg – München) ein Unternehmen aufzubauen, das heute Marktführer in seinem Segment ist. Das funktioniert nur, wenn Vertrauen an oberster Stelle der Beziehungen steht.

Ein herzliches Dankeschön geht an mein Coach-Team, an Friedrich Baur, Armin Korb, Bodo Maxeiner, Alexander W. Werner und Jörg Kopp. Sie setzen alles das, was in diesem Buch steht, mit viel Engagement und Motivation bei unseren Kunden und Partnern in die Praxis um.

Das Schreiben dieses Buches erforderte eine professionelle Hand. Dafür danke ich dem Redakteur und Autor Jan Bollwerk. Ein Bild sagt mehr als tausend Worte, heißt es. Daher bat ich den Künstler Olaf Dettmann, witzige Zeichnungen beizusteuern. Vielen Dank für diese außergewöhnlichen Illustrationen!

Auch Bodo Schäfer möchte ich danken. Nicht nur für das interessante Grußwort, sondern insbesondere für die Gespräche, die wir führen konnten. Er ist durch seinen unermüdlichen Einsatz bei Vorträgen und Seminaren ein Vorbild für viele Menschen geworden. Sein Buch „Der Weg zur finanziellen Freiheit" steht seit vielen Wochen ganz oben auf der Bestsellerliste.

Um die Ruhe fürs Schreiben eines solchen Buches zu finden, ist eine ganz besondere Umgebung nötig. Die Stille fand ich in den Hotels „Giardino" in der Schweiz und „Beverly Hills" in Beverly Hills/Kalifornien. Danke.

Und – last but not least – vielen Dank an Sie, lieber Leser. Sie tragen durch das Lesen dieses Buches dazu bei, dass die Beziehungen zwischen Menschen beruflich und privat ein Stück wertvoller werden.

Denn das ist es, worauf es letztlich im Leben ankommt. Wenn wir eines Tage am Ende unseres Lebens stehen, erinnern wir uns mit Sicherheit nicht mehr daran, welche Armbanduhr wir getragen oder welches Auto wir gefahren haben. Doch wir tragen im Herzen emotionale Werte und Erinnerungen an die Menschen, denen wir auf unserer Reise begegnet sind.

Es würde mich freuen, wenn wir alle daran ein Stück weiter arbeiteten. Lassen Sie uns in diesem Sinne aus unserem Leben eine Meisterschaft machen!

1 Ein Überblick: Beziehungsmanagement und Organisationsformen in der Natur

Das Wort „Beziehung" kennt jeder. Nein: glaubt jeder zu kennen. Fragen wir einen Freund oder unsere Nachbarin, gibt es Antworten wie „Beziehung – das ist etwas zwischen Mann und Frau". Was, bitte, wäre denn konkret dieses Etwas zwischen Mann und Frau? Ein kaum zu beschreibendes, vielschichtiges Irgendwas. Die Antwort hilft also nicht weiter.

Machen wir den Test Nr. 2: nachschlagen im Brockhaus Konversations-Lexikon aus dem Jahre 1894. Das Wort „Beziehung" gibt es nicht. Wohl aber „Beziehungsgesetz". Da wird behauptet, dass innere menschliche Vorgänge nicht absolut existieren, sondern immer in Beziehung zu irgendwelchen Zuständen stehen. Ah ja. Das, was eine Beziehung ausmacht, bleibt im Dunkeln.

Nächster Test. Werfen wir einen Blick in Meyers Enzyklopädisches Lexikon (1972). Tatsächlich, das Wort „Beziehung" taucht auf. Offenbar hat es seinen Weg in den allgemeinen Sprachschatz gefunden. Doch auch hier wird seine Bedeutung nicht erklärt. Es gibt den Begriff in der Sprachwissenschaft und in der Sprachphilosophie, es gibt den „Beziehungshandel", einen „Beziehungssatz", den „Beziehungswahn", ein „Beziehungswort" und „Beziehungszahlen".

Einen ersten Hinweis bietet das renommierte Ethymologische Wörterbuch von Kluge. „Beziehen" stammt aus dem 8. Jahrhundert, aus dem Mittelhochdeutschen. Das Wort gab es in mehreren Bedeutungen, deren heute wichtigste „zusammenziehen, eine Verbindung herstellen" ist. Wie gesagt: ein erster Fingerzeig, die Beschreibung einer Tätigkeit.

Immerhin. Nicht mehr, aber auch nicht weniger.

An dieser Stelle beenden wir den Ausflug in die Welt der wissenschaftlichen Definitionen. Das Wort scheint sich dem schnellen Zugriff zu entziehen. Offenbar muss man sich ihm anders nähern. Das heißt den Begriff nicht punktuell definieren, sondern umkreisend beschreiben. Beobachtungen sammeln, sich an Erfahrungen erinnern, Phänomene zusammentragen, die Beziehungen in sich speichern. Der Bedeutungssinn liegt wahrscheinlich zwischen allen Zeilen. Und so wird die Suche nach der Wortbedeutung von Beziehung zu einem Prozess, der vieles an Erlebtem einschließt und – wie jeder ernsthaft beschrittene Weg – sehr wahrscheinlich den Suchenden an Orte führt, deren Existenz er niemals vermutet hätte.

Hat er die Teile in seiner Hand, fehlt, leider, nur das geistige Band

Ein Beispiel aus dem Leben. Der Mensch besteht aus Kopf, Rumpf und Gliedmaßen. Wenn man alles dies hübsch wissenschaftlich-ordentlich auseinander nimmt, bleiben viele Einzelteile übrig. Sie alle wirkten einmal zusammen, jedes Teil hatte eine Beziehung zu den anderen. Doch genau diese Beziehung entdecken wir nicht, wenn wir das Ganze in seine Einzelteile zerlegen.

Johann Wolfgang von Goethe dichtete dazu ebenso richtig wie profan: Dann hat er die Teile in seiner Hand, fehlt, leider, nur das geistige Band.

Ist eine Beziehung also eine Art geistiges Band? Beides

hängt offenbar zusammen. Doch wenn wir schon einmal beim Fragen sind: Was ist denn ein geistiges Band?

Nebenbei bemerkt stellen diese Beobachtungen die streng wissenschaftliche Arbeitsweise des Sezierens, des Teilens und Unterteilens und Unteruntertilens total in Frage. Denn sie liefert keine schlüssigen Antworten, wenn es um Sinn und Bedeutung geht.

Das Ganze – in diesem Falle der Mensch – ist also mehr als die Summe seiner Einzelteile. Mehr als die Anzahl der Knochen, Haare und Zellen. Das, was alle diese Dinge zueinander in Beziehung treten und letztlich leben lässt, ist nichts Quantifizierbares. Es hat etwas mit Leben und daher mit Energie zu tun.

Dafür benutzen wir den Begriff der Synergie. Dies ist – laut Duden Fremdwörterbuch – eine „Energie, die für den Zusammenhalt und die gemeinsame Erfüllung von Aufgaben zur Verfügung steht".

Was ist eine synergetische Beziehung?

Um zu beschreiben, wie Beziehungen wirken und arbeiten, sprechen wir von synergetischen Beziehungen. In ihnen wirkt Energie, die das Ganze zusammenhält und wie ein Motor antreibt.

Synergetische Beziehungen nennen wir das selbstgesteuerte Entstehen einer höheren Ordnung auf der Basis einer niedrigeren Ordnung.

Das klingt alles sehr theoretisch, hat aber unmittelbar mit der Lebenspraxis zu tun. Denn alles Leben auf unserem Planeten ist Folge eines permanenten Evolutionsgeschehens. Alle Lebewesen gehen ununterbrochen synergetische Beziehungen miteinander ein, und es entstehen ununterbrochen neue Entwicklungsformen.

Peter Russel schrieb über solche Prozesse in seinem Buch „Die erwachende Erde". Er schildert, dass sich 10^{10} Atome miteinander verknüpfen und einen einfachen Einzeller heranwachsen lassen. Die synergetischen Beziehungen der Atome bilden eine völlig neue Qualität: Leben. Und zwar in seiner rudimentärsten Form. Dieser Einzeller ist die Grundlage jeder weiteren Lebensentwicklung.

In einem weiteren Schritt verbinden sich 10^{10} einzelne Zellen untereinander und formen ein menschliches Gehirn. Dieses vernetzte hochkomplexe Etwas kann über sich nachdenken, hat Empfindungen, es bildet sich im Laufe vieler Jahre ein Ich. Und das, was diese Persönlichkeit ausmacht, die synergetischen Beziehungen der vielen miteinander vernetzten Komponenten, ist selbst unter dem Mikroskop nicht sichtbar.

Schließlich erleben wir derzeit auf weltweiter Ebene eine weitere Evolution. 10^{10} Menschen werden kurz nach der Jahrtausendwende auf unserem Planeten leben. Sie – wir alle! – sind seit wenigen Jahrzehnten in steigender Intensität damit beschäftigt, weltumspannend sich und ihr gesamtes Lebensumfeld miteinander zu verknüpfen: über Telefone, Radio, Fernsehen, Verkehrsmittel zu Lande, Wasser und in der Luft, über Computernetze. Wiederum entsteht – abstrakt gesprochen – aus einem inneren Antrieb, eigengesteuert, eine höhere Ordnung auf der Basis einer niedrigeren.

Die Gegenwart – eine Zeit im Deckenanstrich des World Trade Center

Verweilen wir noch einen Augenblick bei der Betrachtung der gegenwärtigen Entwicklungsphase der Menschheit. Wie lange hat die Evolution gebraucht, um durch synergetische Vernetzungen immer eine nächsthöhere Ordnung hervorzubringen? Der heutige Mensch ist über tausende und abertausende und abertausende von Jahren herangewachsen, um an genau jene Stelle zu gelangen, wo wir uns derzeit befinden.

Die zeitlichen Abfolgen dieses kaum vorstellbar komplexen Prozesses lassen sich am Beispiel des World Trade Center in New York verdeutlichen. Die beiden Türme des World Trade Center sind jeweils rund 400 Meter bzw. 110 Stockwerke hoch. Wir übertragen nun die zeitliche Dimension der Entwicklungsgeschichte der Erde auf die räumliche Dimension der Höhe dieses Gebäudes. Dabei kommen wir zu dem Ergebnis, dass die Zeit, in der erste lebende Zellen auf der Erde heranwuchsen, in etwa den ersten 25 Stockwerken des World Trade Center entspricht. Dann, bis hin zu komplexen Zellverbindungen, sind weitere 45 Stockwerke nötig; die Evolution befindet sich jetzt im übertragenen Sinne im 70. Stockwerk. Von der 80. Etage an gibt es mehrzellige Organismen, von Stockwerk 97 an finden wir Fische vor, die sich zu Landbewohnern entwickeln und von Etage 99 an auf der Erde umherkriechen. Anschließend wachsen die Dinosaurier heran, ihre Lebenszeit entspricht den Stockwerken 104 bis 107. Eine Etage höher gibt es die ersten Säugetiere. Und schließlich wenige Zentimeter unterhalb der obersten Deckenkante im 110. Stockwerk beginnt die Zeit des Menschen, des homo erectus. Während er seine Sprache entwickelt, ist er nur noch 0,5 Zentimeter von der Decke entfernt. Die Zivilisation des homo sapiens beginnt ein hundertstel Zentimeter – 0,01 Zentimeter – unterhalb der Decke. Das Zeitalter der Renaissance müssen wir in nur 0,001 Zentimeter des Deckenanstrichs suchen. Und die Gegenwart schließlich, die Zeit der Vernetzung der Zivilisation durch Verkehrswege und Datenbahnen, dauert – im übertragenen Sinne – in der gesamten Entwicklungsgeschichte kürzer, als der Deckenanstrich des World Trade Center dick ist.

Zwei Naturbeispiele für synergetische Beziehungen

Das Vorhandensein synergetischer Beziehungen können wir nicht nur über lange geschichtliche Strecken verfolgen. Sie lassen sich jeden Tag in der Natur beobachten. Zum Beispiel an einem Ameisenhaufen. Auf den ersten Blick meint man,

vor einem Hügel von Walderde zu stehen. Nichts deutet äußerlich darauf hin, dass wir es mit einem sehr komplexen Gebilde zu tun haben. Dabei übertrifft jeder Ameisenhaufen – wenn man seine Größenverhältnisse auf menschliche Dimensionen überträgt – die Art von Konstruktion und Festigkeit unserer Hochhäuser bei weitem. Er ist auch ideal an die jeweiligen Umweltverhältnisse angepasst und besteht ausschließlich aus dem am Ort verfügbaren Baumaterial.

Und während wir Menschen immer einen Kopf, einen Architekten oder eine Gruppe von Spezialisten brauchen, sucht man einen solchen Baumeister unter den Ameisen vergebens.

Schließlich ist ein Ameisenstaat ein perfekt organisierter Betrieb: Angefangen bei der Nahrungssuche über Brutpflege, Verteidigung bis hin zu Kriegszügen – alles ist aufeinander abgestimmt. Aber wo ist eigentlich der Betriebsleiter? Nicht zu finden.

Und wenn nun durch äußere Einwirkung ein Teil des Ameisenhaufens zerstört würde, wenn ein Teil des Staates sterben würde – wir können beobachten, wie in kurzer Zeit der Schaden repariert wird und der Betrieb wieder einwandfrei funktioniert.

Setzt man nun das Gehirn einer Ameise, das auf einer Nadelspitze Platz findet, proportional zum menschlichen Gehirn, wird schnell klar, dass es viel kleiner und leistungsschwächer ist, dass es also den alles überblickenden Architekten, Betriebsleiter und Krisenmanager unter den Ameisen nicht gibt. Wie sollte er sich auch den Abertausenden von Tieren in kürzester Zeit so mitteilen und verständlich machen, dass alle auf einen Schlag die ihnen zugedachten Aufgaben erledigen?

Der Ameisenstaat ist ein ganzheitliches Lebewesen und agiert als solches. Seine einzelnen Glieder sind einerseits die Summe aller seiner Angehörigen. Und zum anderen geschieht etwas zwischen allen diesen Ameisen, das sie auf perfekte, für sie angemessene Weise agieren und leben lässt. Das, was dort geschieht, ist eine spezielle Form synergetischer Beziehung.

Ein weiteres Beispiel. Es soll zeigen, dass der Ameisenhaufen kein Einzelfall ist. Wenn man einen Vogelschwarm beobachtet, kann man feststellen, wie schnell sich der gesamte Schwarm hin- und herbewegt. Mit Hilfe schnell laufender Kameras haben Naturkundler herausgefunden, dass bei einem Schwarm von rund 50 000 Vögeln zwischen einer schnellen Bewegung, etwa der Wende des ersten und des

letzten Vogels nur eine fünf-
zigstel Sekunde vergeht. Wie
ist es möglich, dass selbst der
letzte Vogel am Ende des
Schwarms exakt richtig rea-
giert, ohne dass er seinen
Kompagnon an der Spitze des Schwarms überhaupt sehen
kann? Der Schwarm wirkt und agiert – ähnlich wie der
Ameisenstaat – wie ein homogenes ganzes Gebilde. Das,
was zwischen den Tieren geschieht, hat mit synergetischer
Energie zu tun.

Der Straßenverkehr in Bangkok, das Gewusel in Paris

Beispiele sind immer Sondersituationen, die etwas verdeutlichen sollen. Daher lassen sich die Organisationsformen
von Ameisen und Vögeln nicht eins zu eins auf unsere Lebensumstände übertragen. Und doch werden gewisse Ähnlichkeiten deutlich. Mir fallen sie jedes Mal auf, wenn ich
nach Bangkok fliege und mich dort durch den Straßenverkehr quäle. Teilweise fasziniert, teilweise genervt befinde
ich – der Außenstehende – mich mitten in einem scheinbar
gewaltigen Chaos. Lärm und Abgase tun das ihrige dazu, um
bei mir den Eindruck aufkommen zu lassen, nie ein größeres
Durcheinander erlebt zu haben. Jeder Verkehrsteilnehmer
fährt ohne äußerlich sichtbare Organisation – scheinbar beliebig – kreuz und quer über die Fahrbahnen, gleitet kurzfristig in den Gegenverkehr und kehrt unbeschadet auf seine
Bahn zurück. Die Einheimischen erleben alles das völlig
entspannt, während Mitteleuropäern nach wenigen Minuten der Angstschweiß auf der Stirn steht.

Ein Ameisenhaufen wirkt ebenso wuselig – auf den ersten
Blick. Doch schaut man genau hin, entdeckt man, dass dieses Durcheinander völlig reibungslos abläuft. Und sollte

tatsächlich einmal etwas Unvorhergesehenes geschehen, wird es entweder im Handumdrehen beseitigt oder in den gesamten Ablauf integriert. Das Herumkurven im Straßenverkehr von Rom und Paris bescherte mir ähnliche Erlebnisse.

Diejenigen unter uns, die nicht in solchen Zusammenhängen aufgewachsen sind, begreifen nicht, was dort mit großer Leichtigkeit geschieht. Aber versetzt man sich einmal in die Vogelperspektive, entdeckt man prinzipielle Ähnlichkeiten zwischen dem scheinbaren Verkehrschaos in Städten wie Bangkok, Rom oder Paris und dem Wuseln eines Ameisenstaates. In allen diesen Situationen ist ein Prozess wirksam, der mit Energie zu tun hat und die Verkehrsströme fließen lässt – bei den Ameisen ebenso wie im Straßenverkehr der Super-Großstädte. Die Beteiligten treten unabgesprochen – und meistens unbewusst – miteinander in eine Art von Beziehung, die genau dieses wuselige Miteinander ermöglicht.

Das Prinzip begreifen, anderen voraus sein

Das Prinzip ist immer das gleiche: Lebewesen verhalten sich als Teil eines Ganzen auf eigenartige Weise homogen. Sei es bei der notwendigen Selbstorganisation im fließenden Straßenverkehr von Metropolen, sei es in Rockkonzerten, in denen wie aus heiterem Himmel zwischen tausenden von Menschen eine bestimmte Stimmung auftaucht, aus der dann etwas entsteht.

Es gibt in verschiedenen Organisationsformen offenbar eine Kraft, die sich nicht wissenschaftlich erklären lässt, etwas, das eine gemeinsame energetische Sprache spricht, das ein synergetisches Beziehungssystem bildet. Und derjenige, der diese Phänomene begreift und versucht, sie in sein Leben und Umfeld einzubeziehen, ist anderen ein weites Stück voraus.

Die Synergien in Unternehmen

Auch in Unternehmen kann man solche Synergien beobachten. Jeder kennt Situationen und Zeiten, in denen es
hoch hergeht. Da müssen viele zeitgebundene Aufträge er-
ledigt werden, die Zulieferer arbeiten unter Hochdruck, die
Qualitätskontrolle darf nicht versagen. Immer wieder gerät
man an den Rand der eigenen Möglichkeiten, alles unter
Kontrolle zu halten, alles alleine zu bewältigen. Und dann
kann man verblüffenderweise beobachten, dass die Umgebung sich wie von alleine organisiert. Der Chef muss nicht
mehr eingreifen, ein unsichtbares Räderwerk ist angelau-
fen, alles geschieht wie von selbst. Die Mitarbeiter fühlen
sich als Teil einer stimmigen Bewegung, als Teil eines harmo-
nischen Ganzen.

Solche Erfahrungen hat jeder von uns schon gemacht –
wir konnten jedoch nicht erklären, womit wir es zu tun haben. Daher wurden ordnende Begriffe wie Corporate Iden-
tity oder Unternehmenskultur ins Spiel gebracht. Doch so
richtig begriffen, um was es eigentlich geht, haben wir bislang nicht.

Heerscharen von Betriebswirtschaftlern, Unternehmens-
beratern, Wirtschaftswissenschaftlern und Trainern ent-
wickelten und vermittelten in den vergangenen Jahrzehnten
phantastisch anmutende, wissenschaftlich gestützte Modelle, die alle helfen sollen, Unternehmen und ihre Mitarbeiter zusammenzuführen und effizienter arbeiten zu lassen. Computer, Internet und Intranet werden bemüht, um zu
erreichen, dass alle in der Firma an einem Strang ziehen.
Das Problem bei allen diesen Ansätzen ist, dass sie nur zu
einem – häufig kleinen – Teil stimmen. Man kann sogar sagen, dass die Unternehmen nicht wegen, sondern trotz der
angewandten wissenschaftlichen Methoden funktionieren.
Die unsichtbaren Prozesse zwischen Menschen, die zu
einem stimmigen und erfolgreichen Miteinander führen,
kann man nicht mit wissenschaftlichen Methoden erfassen.

Sie entstehen von alleine – oder eben auch nicht. Die Synergiekraft von Beziehungen lässt sich nun nicht in Kilogramm oder in Zeit pro Weg messen.

In einem Seminar für amerikanische Aktienanalysten gaben diese hoch bezahlten Profis unumwunden zu, dass sie sich in ihren Investitionsentscheidungen nur zu 30 Prozent von Zahlen und niedergeschriebenen Informationen über das jeweilige Unternehmen leiten lassen. Zu 70 Prozent richten sie sich nach ihrem Gefühl, nach emotionalen Werten. Selbst in diesem nüchternen Bereich scheinen die wichtigen Dinge zwischen den Zeilen auf. Derjenige Analyst ist am erfolgreichsten, der seinem Instinkt, seinem Gespür für Strömungen und Änderungen folgt. Auch dann noch, wenn es gegen irgendeinen Trend sein sollte.

Emotionale Intelligenz – entscheidend für den Erfolg

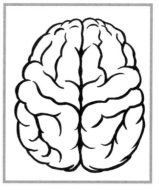

Je genauer wir nun große Unternehmen, kleine Gruppen von Spezialisten, ein Arbeitsteam in einer Autowerkstatt, sogar Aktienmärkte oder auch Wertpapierhändler an der Frankfurter Börse beobachten, desto häufiger stellen wir fest, dass in allen diesen Gemeinwesen sich die Menschen nach wiederkehrenden Mustern innerer Bewegungen verhalten. Sie gehen Beziehungen miteinander ein, von denen sie – wenn man sie fragen würde – nichts wissen.

Künftig ist jeder Manager auf das Wissen um diese Zusammenhänge angewiesen. Er ist vielleicht stolz auf seinen Intelligenzquotienten und prahlt gerne mit umfangreichem Detailwissen vor seinen Kollegen. Über Erfolg oder Nicht-Erfolg entscheidet jedoch nicht sein IQ sondern die Ausbildung seiner emotionalen Intelligenz, der Fähigkeit des Erfassens synergetischer Beziehungen: auf dem Markt, in seinem Unternehmen, im Umgang mit seinen Kollegen und seinem Lebenspartner, im Gespräch mit dem Banker.

Dazu muss man wissen, dass unser Gehirn in zwei Hälften geteilt ist, die völlig unterschiedliche Aufgaben haben. Die linke Gehirnhälfte ist zuständig für die Zahlen, Daten und Fakten, für das Aufzählende, Analytische, Zerteilende. Und die rechte Gehirnhälfte arbeitet ausschließlich mit Bildern, Gefühlen, Emotionen.

Welche Hälfte ist Ihrer Meinung nach zuständig für die Entscheidungen? Zu 95 Prozent, wahrscheinlich sogar zu 98 Prozent, werden alle unseren angeblich so rationalen Entscheidungen von der rechten Gehirnhälfte gefällt. Genau da ist auch die emotionale Intelligenz zu Hause.

Jetzt kann man einigermaßen ermessen, wie wichtig es ist, jene dort angelegten Fähigkeiten unserer menschlichen Natur auszubauen.

2 Die Beziehung – mehr als „Vitamin B"

Wenn ich mit Bekannten über das Thema Beziehungen spreche, stelle ich immer die gleiche Reaktion fest: Lächeln und ein spöttisches „Ah ja, klar, kenn' ich auch. Vitamin B". Oder es kommt der Satz: „Beziehungen schaden demjenigen, der keine hat." Wie immer steckt in jedem Spruch ein Stückchen Wahrheit. Aber eben tatsächlich nur ein kleines Stück.

Selbstverständlich kommt man in der Berufswelt ausschließlich mit „Vitamin B", also durch Beziehungen, zu bestimmten Positionen. Da kennt jemand jemanden, der kennt wiederum einen anderen, der auch jemanden kennt, und der wird angerufen – und schon gibt es auf alle Fälle mal ein Vorstellungsgespräch.

Die Frage ist nur, ob sich derjenige, der aufgrund solcher Kontakte einen Posten bekommt, nicht bei solchen Spielchen verkauft. Wie viel zählt die eigene persönliche Unabhängigkeit? Diese Frage kann – und muss! –jeder für sich selbst beantworten. Für alles wird immer ein Preis gezahlt, auch wenn dieser nicht unmittelbar oder im ersten Moment sichtbar ist.

Mit Beziehungen ist hier etwas anderes gemeint. Beziehungen müssen sein. Jeder Mensch braucht Beziehungen, um zu überleben, um erfolgreich zu sein. Denn der Mensch ist ein Sozialwesen und braucht die Kommunikation und die Verbindung zu anderen Menschen. Unser ganzes Leben hindurch bauen wir Beziehungen oder synergetische Verbindungen zu anderen auf. Das geschieht fast automatisch, nur in seltenen Fällen bewusst.

Wenn ich mich in einer Beziehung auf jemanden beziehe – dies steckt im Wort –, soll Vertrauen entstehen. Eine Beziehung wächst nur auf der Basis von Vertrauen. Und das braucht Zeit.

Wie lange dauert ein Beziehungsaufbau?

Ich werde immer wieder gefragt, wie lange eigentlich ein Beziehungsaufbau dauern kann. Die Frage stimmt schon im Kern nicht. Denn es ist niemals eine Frage von Quantität, also von einer Menge an Zeit, bis man sagen kann: Jetzt ist eine Beziehung aufgebaut, jetzt ist sie fertig.

Ein Beziehungsaufbau ist in erster Linie eine Frage von Qualität. Die Tiefe und Intensität einer Beziehung lässt sich nicht in Zeit messen. Und was tatsächlich zwischen zwei oder mehreren Menschen entsteht, kann in wenigen Momenten entschieden sein, es kann aber auch Jahre dauern. Und selbst wenn man auf Anhieb spürt, dass das Gegenüber zu einem passt und vertrauenswürdig ist, muss dieses Gefühl über längere Zeit hinweg in der Realität bestätigt werden. Erst so entsteht eine solide Basis.

Etwas anderes kommt hinzu. Eine Beziehung wird nicht aufgebaut und ist dann fertig. Das ist die Vorstellung: Jetzt baue ich eine Beziehung, wie ich ein Haus bauen würde. Ich kenne das Material, ich kenne die Menschen, füge alles zusammen – und fertig ist die Laube.

So geht es nicht. Denn das, was in einer Beziehung geschieht, ist ein dynamischer Prozess. Die Energie zwischen den Personen, die Inhalte, die Lebensumstände – alles muss immer wieder angeschaut und überdacht werden. Da gibt es Enttäuschungen, weil die andere Seite sich nicht so verhält, wie ich es erwartet habe. Doch dann muss ich beispielsweise bei mir beginnen und mich fragen, warum ich überhaupt etwas erwartet habe. Und anschließend gilt es, die Irritationen auszuräumen und die unangenehme Zeit durchzustehen. Daraus geht eine Beziehung – also das, was sich zwischen den Parteien entwickelt hat – gestärkt hervor.

Genauso muss akzeptiert werden, wenn sich eine Seite etwas von der anderen entfernen möchte, aus welchen Gründen auch immer. Und selbst dies kann letztlich die Beziehung stärken, denn jede Verbindung braucht ihren Raum.

Ein Gehirn vernetzt sich in 1000 Tagen

„Alles richtig", sagte einer meiner Freunde, „aber es gibt doch sicher Erfahrungswerte darüber, wie lange ein Beziehungsaufbau dauert." Die gibt es in der Tat. Ganz grob kann man sagen: Bis eine Beziehung steht, dauert es mindestens 1000 Tage. Diese Zeit muss man abwarten können.

Wussten Sie, dass die Natur etwa drei Jahre in Anspruch nimmt, bis sie das Gehirn eines Kleinkindes vollkommen vernetzt? Zufall? Ich weiß es nicht. Es ist nur auffällig, dass der Aufbau eines solch komplexen Gebildes rund 1000 Tage in Anspruch nimmt.

Ein weiterer Vergleich mit der Natur: Gras wächst nicht schneller, wenn man daran zieht. Die Bauern säen im Frühjahr und warten bis zum Herbst. Erst dann wird geerntet. Kein Bauer käme auf die Idee, im Frühsommer das Gesäte auszugraben. Abwarten können ist angesagt. Ungeduld ist der Totengräber jeder Beziehung.

Mir ist bewusst, wie schwer das Abwarten für viele Menschen ist. Doch wenn man während der Zeit des Abwartens und der eigenen inneren Ungeduld vielleicht den Blick einmal öfter auf sich statt auf den anderen lenkt, fällt das Warten leichter, und man bekommt eine Menge über sich selbst heraus.

Aus dem Beispiel des Bauern kann man noch mehr lernen. Jeder Bauer steckt eine Menge Arbeit in das, was er einmal ernten will. Abgesehen von Saatgut und Maschinen erfordert ein Acker, der Früchte tragen soll, die Investition von Leistung, von Zeit, von einer gewissen Hingabe und Liebe für die Sache.

Genauso verhält es sich beim Aufbau von Beziehungen

zwischen Menschen. Zunächst einmal muss investiert werden. Nicht Geld, sondern Leistungen. Ich muss bereit sein, eine Menge so genannter Vorleistungen zu erbringen, ohne dafür einen Lohn zu fordern.

Also: Ich gehe auf den anderen zu. Ich höre ihm zu, wenn er etwas erzählen will. Ich frage nach Schwierigkeiten und analysiere diese für ihn (Außenstehende sehen meist mehr als diejenigen, die unmittelbar in der Sache stecken). Ich biete ihm Hilfe an. Diese Hilfe führe ich konkret aus. Ich zeige ihm bestimmte Seiten von mir, die ihm nützen können.

Während dieser Zeit lernen wir uns kennen, es entsteht Vertrauen. Und noch immer darf ich keinen Lohn für meine Leistungen fordern. Nach einiger Zeit kommt wahrscheinlich die andere Seite auf mich zu und gibt mir ihrerseits bestimmte Dinge und Leistungen. Und auch sie wird keinen Lohn dafür fordern – wenn sie es ernst meint.

Die Absichtslosigkeit – Schlüssel zu jeder guten Beziehung

Damit kommen wir zu dem zentralen Merkmal, das den Aufbau einer Beziehung kennzeichnet: die Absichtslosigkeit. Wenn ich eine Beziehung ins Auge fasse, muss ich bereit sein, alles, was kommt, vollkommen ohne eine Absicht zu tun. Das heißt: sich frei machen von dem Gedanken, für den anderen etwas zu tun, damit man selber etwas zurückbekommt.

Das schließt ein, dass ich der anderen Seite die Freiheit lasse, überhaupt nicht auf die Angebote zu reagieren, die ich mache. Der andere muss jederzeit „nein" oder „vielleicht" sagen dürfen, ohne dass ich ihn dafür angreife oder zur Rechenschaft ziehe. Das heißt: Ich muss das Scheitern dessen, was ich tue, in mein Überlegen und Handeln einbeziehen.

Erst wenn mein Gegenüber das sichere Gefühl hat, nicht

gebunden, gebraucht oder gar missbraucht zu werden, kann eine dauerhafte Beziehung wachsen.

Die Absichtslosigkeit schafft – bei aller Nähe durch das Wachsen einer Beziehung – eine gesunde Distanz. Man rückt dem anderen nicht zu nahe, lässt ihm Freiheit und bleibt bei sich. Diese Distanz erlaubt es, den anderen in gewisser Weise neutral zu sehen. Man entdeckt Stärken und Schwächen und akzeptiert diese.

Noch einmal mein Appell an dieser Stelle: Das alles ist sehr schwer und erfordert von uns, zunächst unsere eigenen Hausaufgaben zu machen.

Gehen wir noch einen Schritt weiter. Ich kann im Leben niemals wissen, welche Person, welchen Rat ich irgendwann einmal brauche. Ich weiß nur, dass ich tatsächlich nicht alleine leben kann und auf andere angewiesen bin. Da ist es nur logisch, den Gedanken der Absichtslosigkeit nicht nur auf eine konkrete Beziehung zu übertragen, sondern ihn zu einem wichtigen, vielleicht zentralen Punkt in meinem Leben zu machen. Das bedeutet: Wir sollten versuchen, allen Menschen, allen Begegnungen gegenüber jene Absichtslosigkeit an den Tag zu legen. Denn im gleichen Augenblick sind wir nicht mehr getrieben von dem Wunsch, alles zu wollen, sondern wir lassen die Dinge und Menschen mehr und mehr auf uns zukommen. Dabei werden wir feststellen, dass uns viel mehr Dinge widerfahren, als wir es erträumt haben. Gleichzeitig haben wir durch diese Distanz die Möglichkeit, offen und wach all das zu verstehen und einzuordnen, was geschieht.

Mit anderen Worten: Es liegt an uns selbst – und ausschließlich an uns –, ob wir uns in unserem Leben dafür entscheiden, ein Beziehungsnetzwerk von alleine entstehen zu lassen.

Zwei Zauberformeln

Zum Thema der Absichtslosigkeit im Aufbau von Beziehungen gehören zwei Zauberformeln. Beide wurden von mir in persönlichen Erfahrungen hundertfach geprüft und für richtig befunden.

1. Teilen Sie Ihrer Beziehungsperson bzw. Ihrem Netzwerkpartner immer deutlich Ihre Erwartungshaltung mit – Erwartung hat nichts mit Forderung zu tun! – aber erwarten Sie niemals, dass diese erfüllt wird.
   Mit anderen Worten: Lassen Sie ihrem Partner die Freiheit, jederzeit „nein" sagen zu dürfen. Und zwar ein Nein, bei dem er sich wohl fühlen kann. Das bedeutet, dass Sie ihm keinesfalls formal und äußerlich diese Freiheit einräumen, um ihm dann nach einem Nein Ihre Enttäuschung zu signalisieren.
   Und nochmals mit anderen Worten: Absichtslos bedeutet tatsächlich klar und einfach „ohne Absicht". Dass das einfach ist, habe ich nie gesagt. Im Gegenteil: Absichtslosigkeit zählt zu den schwierigsten Übungen im Leben.
2. Das Zauberwort im Miteinander bei allen Beziehungen und Netzwerken heißt:

Es klingt auf den ersten Blick ebenso simpel wie die Absichtslosigkeit. Ich kann Ihnen nur raten, dieses Wort aktiv in Ihren Wortschatz einzubauen. Sie werden überrascht sein, wie viele Situationen sich ändern, wie viele Menschen Ihnen zuhören und zustimmen werden.

Warum Beziehungen langfristig zu sehen sind

Einer der Einwände, die Bekannte und Gesprächspartner machten, wenn ich mit Ihnen die Haltung der Absichtslosigkeit diskutierte, war: „Du rätst einerseits, alles ohne jede Absicht zu machen. Gleichzeitig sagst du, dass man als Sozialwesen andere Menschen braucht. Wie passt das zusammen?"

Das ist relativ einfach. Beides ist richtig. Selbstverständlich braucht man andere Menschen. Nicht nur, um sich von der Nachbarin ein Pfund Kaffee zu borgen, sondern auch, um beruflich voranzukommen. Und jeder von uns braucht irgendwann einmal in seinem Leben eine „Vitamin-B-Spritze" – sei es in hoher oder niedriger Dosierung. Das darf auch nicht geleugnet werden.

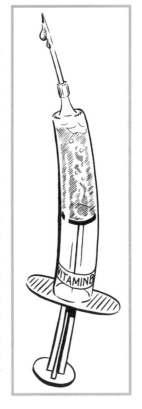

Aber entscheidend ist, dass man keine Beziehung von vornherein auf ihre eventuelle Nutzbarkeit hin anbahnt. Es gilt tatsächlich, sich die Notwendigkeit zur Absichtslosigkeit vor Augen zu halten. Warum? Weil es Zeit braucht, um etwas Dauerhaftes entstehen zu lassen. Streben wir mit jemandem eine Beziehung an, um ihn kurze Zeit später um etwas zu bitten, fühlt sich der andere ausgenutzt. Er wird vielleicht dieses eine Mal helfen – aber das war es dann auch.

Man wird sofort als jemand entlarvt, der andere nur aus einem Grunde anspricht: um sie zu etwas zu benutzen. Ein solches Miteinander ist ausschließlich von Zielsetzung und Absicht geprägt und nicht von Dauer. Auf Geschäftspartnerschaften, die sich aus solchen Zusammenhängen ergeben, sollte man nicht bauen. Denn ihnen fehlt die Zeit des Entstehens, die Zeit der Bewährung vor allem in schwierigen Phasen.

Wenn man jedoch gemeinsam ein Stück Weg zurückgelegt hat und eine synergetische Beziehung entstanden ist, ergeben sich Gelegenheiten, den anderen um etwas zu bitten oder mit ihm Geschäfte zu machen, von alleine. Denn auch das Gegenüber entdeckt Gemeinsamkeiten, entdeckt bestimmte Vorteile, wenn man zusammenkommt.

Fazit: Wenn wir erst in dem Moment daran denken, zu jemandem eine Beziehung aufzubauen, wenn wir ihn konkret brauchen, ist es schon zu spät. Oder anders: „Vitamin B" ist nur wirksam als Langzeittherapie mit viel Vorlauf.

Als zukunftsorientierter Mensch muss ich also anfangen, Beziehungen zu einer Zeit zu knüpfen, in der noch kein Bedarf besteht. Am besten, wenn überhaupt noch kein Bedarf absehbar ist. Nur zu diesem Zeitpunkt gehe ich unvoreingenommen eine Verbindung ein – ob beruflich oder privat.

3 Das „Wir"-Gefühl und die Vision

Jeder, der ein Unternehmen führt, der eine Gruppe oder ein Arbeitsteam leitet, kennt die Aufgabe: Die Menschen, mit denen man zusammenarbeitet, sollen eine gewisse Zeit lang oder für eine bestimmte Aufgabe zusammengeführt werden. Und zwar auf eine Weise, die bewirkt, dass alle möglichst gleichzeitig am gleichen Strang ziehen. Ein synergetisches Beziehungsnetzwerk soll entstehen.

Wie erreicht man das? „Ein Unternehmen braucht eine Vision" – das weiß jeder Manager. Doch damit ist es nicht getan.

In den Vorbereitungen zu diesem Buch sprach ich mit vielen Menschen. Ich fragte Unternehmer, was sie tun, um ein „Wir-Gefühl" in ihrer Firma zu erzeugen. Die Antworten waren oft alles andere als fröhlich.

„Wie oft habe ich meine Leute ermahnt, einig zu sein und sich zu unseren Zielen zu bekennen. Ich redete mir den Mund fusselig. Aber irgendwie erreiche ich es nicht, dass meine Mitarbeiter sich hinter meine Ziele stellen. Ich höre immer wieder, sie identifizieren sich nicht mit meinen Zielen", erzählte mir ein befreundeter Unternehmer.

Was hatte er falsch gemacht? Sein entscheidender Fehler lag in einem Wort: „meine" Ziele. Er tat das, was die meisten Menschen machen, wenn sie andere von einer Idee oder einem Ziel überzeugen wollen. Er versuchte, seine Mitarbeiter auf seine persönlichen Zielvorstellungen einzuschwören. Und so etwas kann niemals funktionieren. Denn wer stellt sich schon gerne hinter die Ziele anderer?

Die Zauberworte „wir" und „unser"

Der Unternehmer hätte das Wörtchen „mein" gegen das Wort „unser" austauschen sollen – und schon wäre sein Problem gelöst gewesen. Nicht ganz gelöst, aber zum großen Teil. Denn selbstverständlich hängt an dem Austausch eines Wortes mehr als nur ein paar Buchstaben. Ein Wort ist eine Gedankenwelt. Und wenn sich ein Unternehmer für das Wort „unser" entscheidet, bedeutet das in der Konsequenz, dass er tatsächlich seine persönlichen unternehmerischen Ziele mit den Mitarbeitern diskutieren muss. Dabei werden die Ziele vielleicht etwas geändert, da gibt es Kritik, vielleicht auch Unmut, da gibt es gewiss Gegenvorschläge. Aber wie auch immer dieser Prozess abläuft – eines ist sicher: Am Ende hat jeder Mitarbeiter das sichere Gefühl, in einer Firma zu arbeiten, die seine eigenen Ziele vertritt, eine Firma, mit der er sich identifizieren kann. Damit ist die Basis für das „Wir"-Gefühl geschaffen.

Nun werden Sie vielleicht einwenden, eine solche Diskussion sei doch viel zu aufwendig. Es vergehe eine Unmenge an Zeit, bis ein Konsens erzielt werde, mit dem jeder zufrieden ist. Als Unternehmer habe man nicht so viel Zeit. Und Zeit sei schließlich Geld – ist doch klar, oder?

Selbstverständlich haben Sie damit zum Teil Recht. Tatsächlich dauert es eine gewisse Zeit, Unternehmensleitsätze – genauso wie private Ziele oder etwa die Satzung eines Heimatvereins – mit vielen Menschen zu diskutieren, um zu einer gemeinsamen Linie zu gelangen. Doch wer einmal diesen Weg gegangen ist, weiß, dass danach die Diskussion abgeschlossen ist und dass er erreicht hat, was er erreichen wollte: Die Mitarbeiter stehen hinter den Zielen, sie identifizieren sich mit der Firma. Dadurch klappt es mit der Arbeit besser, der ganze Unternehmensapparat läuft rund. Die Basis ist geschaffen: Innerhalb des Unternehmens wachsen Beziehungen, das Beziehungsgefüge zwischen Unternehmensleitung und Mitarbeitern festigt sich, dauerhafte Beziehungen zu Kunden werden aufgebaut.

Das Prinzip lautet: Verdopple die Zeit der Vorbereitung und halbiere automatisch die Durchführung.

In diesem Zusammenhang ist es wichtig, ein besonderes Augenmerk auf die Menschen im Unternehmen zu lenken, die bereits über Netzwerke verfügen. Auch hier gilt: Suchen Sie das Gespräch mit dieser Person oder der bestimmten Gruppe – es gibt sie in jedem Unternehmen. Einerseits ist es damit leichter, einen Konsens über beispielsweise eine Vision zu erzielen, andererseits werden Sie so automatisch Teil des Netzwerks.

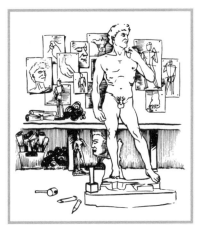

Übrigens: Auch wenn man neu in eine Firma kommt, empfiehlt es sich, jene „Netzwerk"-Menschen aufzusuchen. Umso schneller gehört man zum Netz und ist im Gesamtablauf integriert.

Partnerschaft statt Kundschaft

Nach einem Schiffsunglück strandeten die einzigen Überlebenden, fünf Männer, auf einer Insel. Sie kannten sich untereinander fast nicht, jeder von ihnen war lediglich mit jeweils einer Person der Gruppe per Du. Aus dem Schiff hatte jeder der Männer nur einen einzigen Gegenstand retten können: der erste einen Angelhaken, der zweite eine Schnur, dann einen Kochtopf, ein Messer und schließlich Streichhölzer. Auf der Insel versuchten nun die Männer zunächst auf eigene Faust ihr Glück. Sie mußten jagen gehen, Nahrung beschaffen und diese zubereiten. Dabei machten alle – unabhängig voneinander – die gleiche Erfahrung: Jedem fehlte zum Überleben eine Reihe von Dingen. Der mit der Schnur hatte keinen Angelhaken, der mit dem Topf keine Streichhölzer, der mit dem Messer keine Schnur. Irgendwann trafen sich ein paar von ihnen und diejenigen, die miteinander bekannt waren, klagten sich gegenseitig ihr Leid. Auf diese Weise sprach sich schnell herum, dass sie alle nur dann überleben konnten, wenn sie eine Partnerschaft eingingen – denn jeder besaß ein Utensil, daß den anderen fehlte. Dadurch war übrigens keiner von ihnen dem anderen gegenüber im Vorteil.

Entwickeln Sie den siebten Sinn

Das Prinzip der gründlichen, doppelten Vorbereitungszeit gilt auch im Privaten. Die folgende Situation kennt jeder. Aus irgendwelchen Gründen muss die schon lange geplante vierwöchige Reise mit der Familie in die Karibik ausfallen. Leider gibt es nur noch Zeit und Geld für einen zweiwöchigen Urlaub auf einem Bauernhof in Norddeutschland. Wie

sage ich es meinen Kindern? Klar, es ist leichter und schneller, einen Entschluss zu fassen und ihn den geschätzten Familienmitgliedern mitzuteilen. Doch wer dies schon einmal so gemacht hat, musste wahrscheinlich feststellen, dass die Einsichtsfähigkeit der Menschen in Sachzwänge wie Geld und Zeit meistens sehr begrenzt ist.

Leichter ist es letztlich, wenn man alle Karten offen auf den Tisch legt. Wenn man sagt, dass in diesem Jahr wegen wichtiger Aufträge weniger Zeit für den Urlaub bleibt und dass auch nicht so viel Geld für die Ferien da ist. „Wir haben die Summe X zur Verfügung, und jetzt überlegen wir gemeinsam, wohin wir damit reisen können." Unter Garantie wird eine lange Diskussion in Gang gesetzt. Doch das Resultat ist für alle befriedigend, weil jeder daran mitgewirkt hat. Jeder ist Teil der Aufgabe „Verreisen mit der Summe X" geworden – und genau darum geht es.

Ein anderes Beispiel. Sind Sie ein einigermaßen routinierter Autofahrer? Dann können Sie mit Ihrem Wagen an schmalen Hindernissen vorbeifahren, auch wenn links und rechts nur wenige Zentimeter Platz bleiben. Sie haben im Laufe von Jahren ein Gespür für die Breite der Karosserie Ihres Autos entwickelt, Sie verfügen über so etwas wie einen siebten Sinn. Sie spüren genau, dass er da ist und Sie nicht betrügt, dass er Sie warnt, wenn es zu eng wird, dass er grünes Licht gibt, wenn es klappt. Einen solchen siebten Sinn kann ein Einzelner entwickeln, aber auch eine Gruppe und erst recht eine Firma – doch dies geht nur, wenn die Vision klar ist. Dann entsteht eine synergetische Beziehung zwischen dem Einzelnen und der Gruppe, zwischen dem Fahrer und dem Auto. Erst dann steuern alle in einem Unternehmen genauso sicher durch Engpässe wie durch breites Fahrwasser. Sie meinen, das alles ist eine Illusion?

Eine Frage: Weshalb machen Sie sich für Ihr Unternehmen stark? Natürlich möchten und müssen Sie Geld verdienen – aber meine Erfahrung sagt mir: Das ist bei weitem nicht der einzige Grund. Sie sind auch Unternehmer und Manager aus Leidenschaft. Als solcher haben Sie eine Vision für Ihr Unternehmen. Sie wissen, was Sie erreichen wollen. Sie haben eine Idealvorstellung von dem, was und wie Ihr Unternehmen sein und werden soll. Und ich bin sicher, dass Sie bei genauem Hinschauen feststellen werden, dass Ihre Vision sich nicht nur auf das Unternehmen selber bezieht, sondern auch auf dessen Außenwirkung in der Welt. Sie möchten letztlich mit Ihrer Aufgabe etwas für die Welt tun – ganz gleich, ob Sie das nun offen zugeben oder nicht.

Über diese Dinge spricht man ungern. Denn sie stellen eine Art von Idealismus dar, und Idealismus zählt in der Regel nicht in unserer Gesellschaft. Wer Ideale hat und diese auch offen vertritt, gilt schnell als weich und verletzbar. Folglich haben sich viele Menschen ihre idealistischen Gedanken systematisch abtrainiert.

Leben Sie Ihre Vision

In den letzten 15 Jahren habe ich in meinen Seminaren immer wieder die Teilnehmer gefragt, warum sie arbeiten. Die Antwort war zunächst einmal „Geld". Wenn ich jedoch weitergefragt habe, kamen wir immer auf den tatsächlichen Antrieb: die Vision.

Daher mein Appell an Sie: Schauen Sie bitte genau hin und seien Sie ehrlich mit sich. Sie werden wahrscheinlich feststellen, dass das, was Sie in Ihrer Firma tun, Ihr persönlicher Beitrag für eine positive Entwicklung der Menschheit ist. Jeder von uns empfindet diese Dinge ähnlich. Jeder von uns, ob Unternehmer oder Pförtner, trägt in sich in ähnlicher Weise – die meisten tief versteckt – den Wunsch, seinen Beitrag für den Fortbestand der Welt zu leisten. Und jeder hat dabei seine eigene Vision.

Die eigene Haltung finden – die Vision kommt von alleine

Ich möchte versuchen, den schwammigen Begriff der Vision anhand eines Bildes deutlicher werden zu lassen.

Hatten Sie schon einmal das Glück, einen asiatischen Bogenschützen, versunken in seiner Zen-Meditation, beobachten zu können? Vielleicht sahen Sie einmal ein Foto eines solchen Mannes: aufs Höchste konzentriert, dabei entspannt, in aufrechter Haltung. Ein solcher Zen-Bogenschütze visiert nicht etwa sein Ziel an. Er kann beim Schießen woanders hin-schauen, er kann in völliger Dunkel-heit und sogar mit verbundenen Au-gen schießen. Und doch trifft er jedes Mal ins Schwarze.

Ähnlich verhält es sich im Grunde mit einer Vision. Sie ist globaler als ein Ziel, sie ist nicht durchs Zielen zu erreichen. Man findet letztlich nur dann zu seiner Vision, wenn man zu seiner ureigenen, persönli-chen Haltung findet. In ihr liegt die Vision verborgen. Und sie kann nur ans Tageslicht kommen und Realität werden, wenn wir zu einer persönlichen Haltung finden. Es gilt also, die eigene Haltung zu suchen – und dann ergibt sich die Vision.

Das Quäntchen Mut

Es gab eine Zeit im Leben jedes Einzelnen von uns, da wa-ren wir – unbewusst – durchdrungen von unserer Vision. Da-mals waren wir Kinder, vielleicht 12, vielleicht 14 Jahre alt. Die Welt war ein herrliches großes Spielfeld. Wir hatten Spaß, wir schauten zu den Erwachsenen hoch, wir spürten

Ungereimtheiten und Unge-rechtigkeiten und entwickel-ten in kurzer Zeit – vollkom-men unbewusst – ein sicheres Empfinden für richtig und falsch. Langsam schälte sich eine Vision heraus, wie man leben sollte, welche grund-sätzlichen Dinge im Leben wichtig sind.

Im Laufe der Zeit kamen Enttäuschungen und bittere Niederlagen. Die meisten von uns resignierten. Mehr und mehr geriet die Vision in Vergessenheit. Die Kämpfe ums Überleben, um Macht, Geld und die Intrigen-Siegerschaft traten an ihre Stelle. Irgendwann gesellte sich ein großer Batzen Genusssucht hinzu – letztlich deshalb, damit man die tief eingebettete Enttäuschung ertragen konnte, dass man nicht mehr sein eigenes Ich, sondern nur noch den Kampf und die im inneren Ringen um die eigene Vision übrig ge-bliebenen Kompensationen lebte.

Die Vision liegt nach wie vor tief in uns vergraben. Die meisten Menschen trauen sich jedoch nicht mehr, von ihr zu träumen.

Und doch braucht es dafür nur ein Quäntchen Mut. Als Un-ternehmer hat man die Verpflichtung, sich genau dieser Auf-gabe zu stellen: den Mut aufbringen, die eigene Vision zu formulieren und nach außen zu tragen, sie gemeinsam mit den Mitarbeitern zu diskutieren, um zu einer gemeinsamen Vision zu kommen.

Eine solche Vision hat etwas Bergendes, sie gibt den Men-schen ein Stück Heimat und Geborgenheit. Das ist in der heutigen Zeit wichtiger denn je, denn wir leben in einer Zeit der Technokraten und Praktiker, der Menschen, die, wie Ernst Jünger und seine Zeitgenossen sagten, hemmungslos andere „vernutzen".

Wenn Menschen in Unternehmen ernsthaft gemeinsam Visionen entwickeln, entstehen langfristige Beziehungen. Es läuft ein synergetischer Prozess an, von dem alle Beteiligten profitieren. Jeder ist gerne wichtiger Teil einer erfolgreichen Gemeinschft.

Denken Sie an die Amerikaner: Diese Menschen stecken voller Visionen – vielleicht, weil sie genau diese Erfahrung als Volk in sich tragen. Die ersten Siedler, die Vertriebenen aus England, aus Frankreich und Deutschland genauso wie die heutigen Einwanderer aus Puerto Rico, Ghana oder Indien – sie alle kamen und kommen in dieses Land mit dem einen Wunsch: Es soll alles besser werden als das, was man zurückgelassen hat. Man hilft sich gegenseitig, man freut sich über den Erfolg des anderen, man will den eigenen Erfolg.

An diesem Grundgefühl hat sich in hunderten von Jahren nichts geändert. Damit spielt die Zigarettenwerbung, wenn sie den Filmcowboy den Traum von Freiheit und Abenteuer transportieren lässt: Augenblicklich steigt in uns genau jenes Gefühl auf. Für einen kurzen Moment wird ein Teil unserer Visionen ausgegraben.

Marthin Luther King: „I have a dream"

Auch der amerikanische Bürgerrechtler Martin Luther King hatte eine Vision und sprach diese offen aus. „I have a dream!", rief er in den 60er Jahren tausenden Amerikanern zu und machte sich stark  für die Gleichberechtigung der Schwarzen in den USA. Viele folgten ihm auf seinem gewaltlosen Weg. Doch er hatte auch radikale Gegner in den eigenen Reihen. Wenige Tage nach seiner Ermordung am 4. April 1968 wurde vom

Präsidenten Lyndon B. Johnson das Bürgerrechtsgesetz in Kraft gesetzt, das die Rassendiskriminierung in wesentlichen Punkten beendete. Martin Luther Kings Vision war Wirklichkeit geworden.

Saint-Exupéry: Lehre die Männer die Sehnsucht

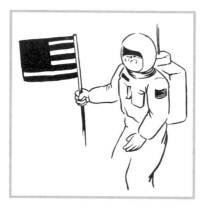

Ein anderer berühmter Mann mit einer Vision war der amerikanische Präsident John F. Kennedy. Er sagte den Amerikanern immer wieder, er sehe eines Tages einen Mann auf dem Mond. Dieser Gedanke war Antrieb für viele Wissenschaftler, für die Industrie, für viele Amerikaner, auf dieses Ziel hin zu arbeiten. Und am 20. Juli 1969 um 21.07 Uhr (MEZ) betrat der Astronaut Neil Armstrong als erster Mensch den Mond.

Der französische Schriftsteller Antoine de Saint-Exupéry brachte auf schöne Weise zum Ausdruck, was es bedeutet, eine Vision zu haben. „Wenn du ein Schiff bauen willst", sagte er, „so trommle nicht Männer zusammen, um Holz zu beschaffen, Werkzeuge vorzubereiten, Aufgaben zu vergeben und die Arbeit einzuteilen, sondern lehre die Männer die Sehnsucht nach dem weiten, endlosen Meer!"

Es geht also um den Aufbau einer gemeinsamen Vision. Sobald ein Team eine gemeinsame Vision hat, brauchen Sie als Unternehmenschef, als Gruppenleiter oder schlicht als Visionär nicht mehr dafür zu sorgen, dass der Gedanke in die Tat umgesetzt wird. Das geschieht dann von alleine. Es entstehen genügend energetische Beziehungen unter den Beteiligten, sodass alle das Ziel im Auge haben und darauf zustreben.

Gelingt die Vermittlung des visionären Gedankens nicht, bleibt ein schlichter Plan übrig. Und ein Plan geht immer nur von einer einzigen Person aus. Alle anderen werden dabei auf das zugrunde liegende Ziel ausgerichtet, womöglich darauf eingeschworen. Ein Plan – obgleich immer noch besser als zielloses Handeln – wird jedoch niemals so wirksam sein wie eine Vision. Denn bei einer Vision geht der Impuls von jedem einzelnen Beteiligten aus. In ihr entsteht und lebt die Kraft der Beziehungen.

4 In der Familie fängt alles an

Im Grunde sind wir mit Beziehungen schon sehr lange Zeit vertraut: Wir kennen sie seit unserer Kindheit. Zumeist wuchsen wir in einem Geflecht von Beziehungen auf. Da war die Familie. Sie bot uns Halt und Unterstützung, die wir gebraucht haben. Sie bot uns Schutz und Orientierung. Oder – und auch das kam häufig vor – sie drangsalierte uns mit ihrer Enge und Unfreiheit. Aber was auch immer wir dort vorfanden – es gab einen Raum und Menschen. Mit beiden standen wir von Anfang an in Beziehung.

In den großen Städten und ihren weitläufigen Einzugsgebieten, wo die meisten Menschen leben, haben sich die Strukturen unserer Gesellschaft mittlerweile stark verändert. Viele Familien haben sich auf eine Art organisiert, dass sie ihren Kindern den einst so normal empfundenen Schutz nicht mehr bieten können. Stichworte dazu sind Doppelverdiener, teure Wohnungen, gehobene Alltagsansprüche, häufige Urlaubsreisen – das alles will bezahlt und muss daher erarbeitet werden. Der Preis dafür ist weniger Zeit, Unzufriedenheit, Gehetztsein und – immer häufiger – eine Art Verlorensein. Man braucht nur den Menschen in die Augen zu blicken – sie erzählen alles. Die Verlierer in diesem Alltag sind die Kinder.

In ländlichen Gegenden ist der Verlust an Zusammenhalt noch nicht so weit vorangeschritten. Da gibt es noch viele solide Gemeinschaften und feste Beziehungen, die niemals in Frage gestellt werden würden – wozu denn auch? Doch auch auf dem Land verändern sich die Strukturen. Kinder ziehen in die Städte, weil sie dort die Dinge erreichen können, die sie in der guten heimischen Stube jahrelang im Fernsehen gesehen haben. Beziehungen bröckeln auseinander, langjährige Freundschaften werden beendet, weil der eine in München und der andere in Frankfurt lebt.

Die viel gelobte Mobilität ist ein Zeichen für den Verlust von Heimat durch die sich wandelnden Strukturen. Familien gehen auseinander, die Menschen vermissen schmerzlich ihr Zuhause und suchen ein neues Heimatgefühl. Genau dadurch wird die Dringlichkeit des bewussten Aufbaus von Beziehungen deutlich.

Wie schnell sind wir in irgendeinem anderen europäischen Land, und wie lange brauchen wir dafür, zu unserem neuen Nachbarn zu gehen und uns vorzustellen? Wie schnell fliegen wir aus dem kalten winterlichen Deutschland in die Sonne nach Florida, und wann haben wir das letzte Mal einen unserer Zulieferer zum Essen eingeladen, um ihn ein wenig besser kennen zu lernen – und ganz nebenbei ein paar geschäftliche Unklarheiten aus dem Weg zu räumen?

Man kann es auch andersherum sehen: Zum Glück reisen die Manager immer noch um die Welt. Vor wenigen Jahren dachten wir alle, durch die rasch wachsende Vernetzung der Welt durch Internet, Computer und Handy sitzt bald jeder nur noch in seinem Büro, stöpselt die Kamera ein und macht Videokonferenzen. Doch wir haben gesehen, dass kein Telefonat, keine E-Mail und kein Fax ein persönliches Gespräch ersetzen können und dürfen. Auf einen Nenner gebracht: Jede Beziehung will gepflegt werden!

Wir alle kennen dieses Beziehungsmanagement – wir haben es im eigenen Elternhaus von Grund auf erfahren. Und jetzt gilt es, sich daran zu erinnern, die Strukturen verstehen zu lernen und sie anzuwenden.

Bleiben wir noch ein paar Sätze lang in unserer Kindheit. Ein wichtiges Merkmal, das wir im Zusammenhang mit dem Aufbau von Beziehungen gelernt haben – meist schmerzlich lernen mussten – ist die Tatsache, dass sich Beziehungen immer wieder verändern. Sie waren und sind lebendige Gebilde.

Als wir im Kindergarten waren, hatten wir feste Freunde. Dann kamen wir in die Schule. Einige unserer Freunde gingen mit uns, andere zogen mit ihren Eltern in einen entfernten Stadtteil und wir verloren sie aus den Augen. In der Grundschule bildeten sich neue Freundschaften. Einige von uns gingen anschließend aufs Gymnasium, andere auf die Real- bzw. Hauptschule, einige mussten in Internate. Und wieder veränderte sich der Kreis der Beziehungen. Dann kamen die Ausbildung, die Lehrstelle, die Universität – und wieder formierte sich unser Bekanntenkreis neu. So ging es schließlich weiter: Wir suchten eine Arbeitsstelle, einige machten sich selbständig, andere gingen für eine Zeit ins Ausland. Jedes Mal trafen wir neue Menschen, jedes Mal knüpften wir neue Beziehungen.

Das bedeutet: Unsere Beziehungskreise ändern sich ständig und sind immer den jeweiligen Lebenssituationen angepasst. Das muss so sein. Entscheidend ist jedoch, nicht bei jedem Wechsel einer beruflichen oder privaten Situation alle Beziehungen zu verändern und – gleichsam wie einen Anzug – zu wechseln. Es hat einen Sinn, warum wir Menschen uns treffen. Und gerade weil wir in dieser mobilen und unruhigen Welt leben, sollten wir dauerhafte Beziehungsnetzwerke entstehen lassen und pflegen – gerade dann, wenn wir uns verändern. Es kommen jedes Mal neue Verknüpfungen hinzu und verbinden sich mit den alten zu einem wertvollen Beziehungsgebilde. Und wir können von vornherein niemals wissen, wie wichtig und wertvoll eine Beziehung für uns einmal sein wird – auch wenn es Jahre dauert, bis wir das erfahren.

Der Dalai Lama sagte 1998 bei seinem Besuch in Deutschland folgende Sätze:

„In der heutigen vernetzten Welt können Individuen und Nationen viele ihrer Probleme nicht mehr im Alleingang lösen. Wir brauchen einander. Wir müssen daher ein Gefühl universeller Verantwortung entwickeln … Es ist unsere individuelle und kollektive Pflicht, die Familie der Lebewesen auf diesem Planeten zu schützen und zu erhalten, ihre schwachen Mitglieder zu stützen und für die Umwelt zu sorgen, in der wir alle leben."

Alles das steckt in Beziehungsnetzwerken. Das Prinzip lautet – immer noch und wieder einmal: Das Ganze ist mehr als die Summe seiner Teile.

5 Wie entstehen Beziehungen?

Beziehungen beginnen immer dann zu leben, wenn Menschen sich treffen. Meistens ist es den Personen in dem jeweiligen Augenblick nicht bewusst, dass gerade ein Mosaiksteinchen eines Beziehungsnetzwerks zum anderen hinzugefügt wird.

Man kann solche Prozesse durchaus selber verfolgen. Denken Sie doch einmal kurz darüber nach, während Sie diese Zeilen lesen, welche Menschen Sie heute getroffen haben. Welche dieser Personen kennen Sie schon länger? Vielleicht ist es ein Kunde, vielleicht ein Freund, oder es ist der Tankwart, der Hausarzt, der Bäcker, der Apotheker. Gibt es einen oder mehrere unter diesen Menschen, zu denen Sie eine Beziehung haben?

Und jetzt versuchen Sie bitte, einen kleinen Schritt weiter zu gehen: Erinnern Sie sich noch daran, wie Sie eine oder gar mehrere dieser Personen kennen gelernt haben? War es mit Absichtslosigkeit? Oder hatten Sie sich vorgenommen, genau diese Bekanntschaft zu forcieren? Und können Sie noch nachvollziehen, was aus einer Ihrer Beziehungen geworden ist, die absichtslos zustande kamen, und was aus den anderen Bekanntschaften wurde?

Bei allen diesen Überlegungen wird deutlich, dass ein Beziehungsnetzwerk ein sehr komplexes System menschlicher Kontakte ist. Lassen Sie es uns nicht vergessen: Jeder von uns ist nicht weniger, aber auch nicht mehr als nur eine Faser dieses Netzes. Wir sind – mit großer Wahrscheinlichkeit – nicht der tragende Haken.

Ein Beziehungsnetzwerk – das können wir festhalten – ist ein synergetisches Geflecht von Menschen. Zwischen diesen Menschen gibt es unsichtbare Verbindungen. Und genau durch diese Verbindungen sind wir in der Lage, große Aufgaben zu bewältigen.

Das Kontaktnetzwerk bei Amerikanern

Die Amerikaner haben in ihrer praktischen und unkomplizierten Art, sich den Dingen zu nähern, schon früh den Wert von Beziehungen erkannt. Dort wird in vielen Familien bereits in der Kindheit ein Kontaktnetzwerk geknüpft. Es fängt beim „richtigen" Baseballclub an. Und dann weiß man, dass es bestimmte Schulen und Colleges gibt, mit deren Besuch sich die Chancen auf eine glänzende Karriere vervielfachen. Also unternimmt man alle Anstrengungen, um sein Kind auf Kaderschmieden wie Harvard, Princeton und Yale zu schicken. Ein kapitalistisch orientiertes Auslesesystem soll zwar dafür sorgen, dass in jenen Institutionen nur Nachwuchs unterkommt, der über entsprechendes Kapital verfügt. Doch es gibt Ausnahmen, und in dem Land, in dem das Wort „Chance" eine der wichtigsten Vokabeln ist, schaffen auch weniger betuchte Schüler den Weg in die Edel-Unis.

Begehrt sind diese Bildungsanstalten zum einen wegen der hervorragenden Lehrkräfte, zum anderen wegen der hervorragenden Kontakte, die man dort knüpfen kann. Wer weiß – vielleicht sitzt man ein paar Semester lang neben dem nächsten Gouverneur oder gar Präsidenten. Wenn man schon die Schulzeit miteinander verbracht hat, kann einem das später helfen, den einen oder anderen wichtigen Kontakt für sein Unternehmen zu bekommen.

Bill Clinton beispielsweise weiß ganz genau um alle diese Zusammenhänge. Er sagte einem Reporter der renommierten New York Times in einem Interview, dass er sich fast sein Leben lang jeden Abend vor dem Schlafengehen jede Begegnung notiert habe. Dabei habe er sich alle Namen, die wichtigen Daten, die Orte und die Zeiten der Treffen sowie alle relevanten Informationen sorgfältig auf Karteikarten aufgeschrieben. Warum das alles? Warum macht sich der Präsident der Vereinigten Staaten solche Mühe? Wer in den USA erfolgreich sein möchte – und zu diesen Menschen zählt sicherlich Bill Clinton –, weiß, dass er andere Menschen braucht. Er bekommt von Kindesbeinen an mit, wie wichtig Beziehungen im Leben sind.

Das eigene Beziehungskonto

Lassen Sie uns versuchen, diese Gedanken praktisch anzuwenden. Denken Sie bitte an Ihre Schulzeit zurück. Gibt es ehemalige Mitschüler, die heute in irgendeiner einflussreichen Position tätig sind? Denken Sie an Politik, Wirtschaft, Wissenschaft, an das Bankwesen und auch an den künstlerischen Bereich. Sie sollten sich an solche Leute erinnern, dann verfügen Sie bereits über den ersten Anknüpfungspunkt für eine wichtige Beziehung.

Die nächste Überlegung: Stellen Sie mit Ihren Mitarbeitern oder Ihrem Partner ein Beziehungsbuch oder auch Beziehungskonto auf. Sie werden überrascht sein, wie viele Menschen aus unterschiedlichen Lebensbereichen und durch berufliche Kontakte Sie kennen.

Und dann denken Sie einmal weiter: Welche Personen könnten wiederum die Menschen auf Ihrer Liste direkt oder indirekt kennen? (Siehe auch Kapitel „Wie bauen Sie Beziehungsnetzwerke auf?")

Lassen Sie uns einen Augenblick beim Gedanken des Kontos verweilen. Um die Bedeutung, den Wert, aber auch den Umgang mit Beziehungsnetzwerken zu verstehen, kann man sie mit einem Spar- oder Girokonto vergleichen. Aber – es sei deutlich gesagt – dieser Vergleich ist nur auf technischer Ebene möglich. Denn bei Beziehungen spielen viele Dinge eine Rolle, die im Verhältnis Kunde/Girokonto überhaupt nicht zum Tragen kommen.

Auf ein Girokonto muss zunächst einmal eine bestimmte Summe eingezahlt werden. Ich muss investieren und ein Guthaben bilden. Dann erst, also im zweiten Schritt, kann ich Geld abheben, kann damit arbeiten. Wenn ich über längere Zeit auf meinem Konto im Plus bin, bekomme ich sogar von der Bank Kredit; ich darf mein Konto überziehen; ich bekomme also Geld auf Vorschuss. Doch dazu muss ich – es führt kein Weg daran vorbei – kreditwürdig sein.

Bei Beziehungen ist es genauso. Ich muss zunächst einmal investieren, muss eine Menge von mir geben. Und das auch noch freiwillig, ohne Gegenleistungen zu erwarten. Und die innere Bewegung einer Beziehung bucht dann sozusagen alles das, was ich für diese Beziehung tue, auf der Guthabenseite des Kontos. Jede Leistung, die ich abfordere, ist wie Geld vom Girokonto abheben.

Man kann auch ein Beziehungskonto überziehen, doch das empfiehlt sich nicht. Denn die Beziehung wird sofort belastet. Die Belastungsfähigkeit wächst zwar mit der Dauer der Beziehung, sollte jedoch nie ausgereizt werden.

Und einem Beziehungskonto kann es durchaus wie einem

Bankkonto gehen: Manchmal wird es hemmungslos überzogen. Das kann der Fall sein, wenn Sie – wie in Beziehungen nicht anders möglich – ohne Hintergedanken sehr viel geben. Man könnte Sie dabei ausnutzen. Doch dieses Ausgenutztwerden geschieht relativ selten. Dieses sollten Sie – um in der Bankersprache zu bleiben – als Investition bzw. nach Schließen des Kontos als Abschreibung buchen.

Wie groß sind die „Kontobewegungen"?

Noch ein paar Hinweise zum Aufbau Ihres Beziehungskontos. Fragen Sie sich, welcher Ihrer Bekannten mit Ihnen hin und wieder Kontakt hat, ohne dass Sie ihn bewusst zur Kenntnis nehmen. Oder in der Bankersprache: Welcher Beziehungsposten zeigt relativ wenige Kontobewegungen? Denken Sie dabei an den Herrn vom Finanzamt, an Lieferanten, an den Nachbarn, der hin und wieder Ihre Päckchen annimmt, und auch an den Postboten, der Ihnen die Post in die Firma trägt. Und was ist mit dem sympathischen Jungen, der vorige Woche abends die Pizza brachte? Er könnte Fähigkeiten haben, die Sie dringend suchen. Vielleicht arbeitet er nur als Aushilfe beim Pizzaservice, um sein Informatikstudium zu finanzieren, vielleicht hat gerade ein Querdenker wie er die Lösung für Ihre Softwareprobleme in der Firma.

Veranstalten Sie in Ihrer Firma und/oder in Ihrer Abteilung und/oder in Ihrem Kegelverein Beziehungsworkshops, um Ihr bestehendes Netzwerk zu erweitern.

Beziehungsdenken kann man trainieren

An diesen Beziehungsdenkanstößen können Sie erkennen, dass das Denken in Kontaktkategorien kein Geheimnis ist. Wir wissen es alle – wir müssen es nur anwenden. Also: Es ist wichtig, das Denken in Beziehungsmustern zu üben und zu trainieren. Das Gehirn muss sich darauf einstellen, in komplexen Systemen zu denken.

Wie kann so ein Training aussehen? Nehmen Sie irgendeinen Menschen aus Ihrem Beziehungsbuch und verfolgen Sie die Wege, die Sie zu diesem Menschen geführt haben. Die gleiche Übung machen Sie mit Ereignissen aus Ihrem Leben, seien es Vorkommnisse in Ihrer Firma oder aus Ihrem Privatleben. Und dann überlegen Sie, welches Ereignis oder welche Person zu diesem jeweiligen Ereignis geführt hat.

Wenn Sie diese Dinge eine Zeitlang üben und beispielsweise in Workshops oder im Familienkreis darüber sprechen, werden Sie feststellen, dass bestimmte Abläufe dahinterstecken. Abläufe, die sich ähneln. Und dann werden Sie die Strukturen dieser Beziehung erkennen.

Anschließend können Sie beginnen, Ihr Netz an Beziehungen stetig auszubauen. Wie macht man das? Sammeln Sie beispielsweise Visitenkarten und – ganz wichtig – notieren Sie auf der Rückseite irgendwelche Besonderheiten und mögliche Gemeinsamkeiten.

Extra-Tipp: Notieren Sie auf der Karte, was Sie für diese Person tun können.

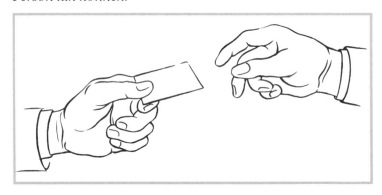

In den Kapiteln „Spannungsbilanz oder Kapitalbilanz – was ist Ihnen lieber?" und „Wie bauen Sie Beziehungsnetzwerke auf?" kommen wir noch einmal darauf zurück.

Sie wollen noch mehr? Dann nehmen Sie sich für eine bestimmte Zeit vor, richtig viel unterwegs zu sein. Besuchen

Sie Partys, Veranstaltungen, Vereinstreffen, angeblich langweilige Klassentreffen, lassen Sie sich von Berufsverbänden einladen, gehen Sie auf Hauptversammlungen von Unternehmen, buchen Sie Seminare, nehmen Sie an Empfängen teil. Werden Sie selbst tätig und organisieren Sie Treffen mit Mitgliedern Ihrer Branche, Kamingespräche, Seminare, Messen, Wohltätigkeitsveranstaltungen. Jedes Mal lernen Sie neue Menschen kennen. Sie lernen zu selektieren, an welchen Menschen Sie Gefallen finden, wer Sie ausnutzen will, wer Ihnen freundlich gesinnt ist.

Kurz: Knüpfen Sie Beziehungen, als hinge Ihr Leben davon ab – denn das tut es auch!

Mit allen diesen Kontakten bauen Sie Ihr Netzwerk in kürzester Zeit aus. Doch das reicht noch nicht. Im nächsten Kapitel erfahren Sie, wie Sie diese Kontakte strukturieren und gezielt bearbeiten können. Denn auch hier gilt: Qualität ist entscheidend. Die pure Anzahl vieler Kontakte bringt Sie nicht weiter – sie belastet höchstens Ihre Telefonrechnung.

Wenn Sie in Zukunft irgendetwas vorhaben, sei es eine neue Geschäftsanbahnung, ein Autokauf oder ein Ortswechsel, denken Sie an Ihre Beziehungsliste. Sie ist letztlich Ihr größtes Kapital. Und damit werden Sie Ihre Ziele schneller erreichen, als Sie vermuten.

6 Die 80/20-Regel des Herrn Pareto

Für die folgenden Zeilen setzen Sie sich bitte entspannt zurück. Vielleicht schließen Sie nach dem Lesen kurz die Augen. Denn ich möchte Sie bitten, über Ihre Freunde und Bekannten nachzudenken, vielleicht auch noch über Ihre flüchtigen Bekannten. Mit wie vielen von ihnen sind Sie tatsächlich regelmäßig in Kontakt? Sie werden feststellen, dass es gar nicht so viele sind. Warum wohl?

Über ähnliche Zusammenhänge hat sich vor rund 100 Jahren der italienische Wirtschaftstheoretiker und Soziologe Vilfredo Pareto Gedanken gemacht. In vielen Beobachtungen – empirischen Untersuchungen, würden wir heute wohl sagen – stieß er immer wieder auf das gleiche Phänomen: 20 Prozent aller Mitarbeiter einer Firma machen 80 Prozent des Umsatzes. Logischerweise schaffen 80 Prozent der Mitarbeiter die restlichen 20 Prozent.

Als ich zum ersten Mal von diesen Zahlen hörte, wollte ich es nicht glauben. So einfach können die Menschen doch nicht gestrickt sein, sagte ich mir. Aber Herr Pareto ließ mich nicht los. Ich begann, Abläufe in Unternehmen zu beobachten, sowohl in meinem eigenen als auch in fremden Unternehmen. Dann sprach ich Chefs und Vorstände auf dieses Phänomen an. Ich erntete meistens ein verblüfftes „Woher wissen Sie das? Das stimmt genau! Das ist bei uns auch der Fall!"

Kurz und gut: Die Regel ist richtig, Herr Pareto hat Recht. Was aber bedeutet nun diese Tatsache für unser Beziehungsmanagement?

Ich analysierte meine Beziehungen, ich fragte wiederum Bekannte und Freunde aus. Und immer stellte sich heraus, dass von 100 Beziehungspersonen tatsächlich rund 20 Prozent sehr aktiv mit mir in Kontakt sind und ich mit ihnen. Der überwiegende Teil, nämlich 80 Prozent, ist weitaus weniger aktiv.

Nun könnte man schnell und schlau folgern: Gut, dann kappe ich die 80 Prozent und habe nur noch mit den 20 Prozent „guten" Kontakten zu tun. Oder als Unternehmenschef hieße das: Ich entlasse die 80 Prozent träger Mitarbeiter und mache eine tolle Firma mit den restlichen 20 Prozent.

Doch so einfach geht es nicht. Leider. Denn, so fand Herr Pareto weiter heraus, die beiden Gruppen bedingen sich gegenseitig. Die 20 Prozent benötigen sozusagen die 80 Prozent zur Erfüllung des Prinzips.

Wenn ich also nur noch mit den 20 „Guten" arbeite, erlebe ich in kurzer Zeit auch mit ihnen das 80/20-Prinzip. D. h., etwa vier Personen werden die meiste Arbeit tun.

Für den Aufbau von Beziehungen heißt das:

1. Ich muss wissen, dass es so etwas gibt. Denn wenn ich das weiß, brauche ich mich nicht über die 80 Prozent zu ärgern. Ich akzeptiere sie als notwendige Bedingung für die 20 Prozent.

2. Ich muss in meinem Beziehungsnetzwerk unbedingt herausfinden, wer zu den 20 Prozent und wer zum Rest gehört. Denn mit diesen 20 Prozent werde ich 80 Prozent an Wirkung erzeugen. Und wenn mir das Prinzip bekannt ist, kann ich aktiv damit arbeiten.

Es steckt eine weitere Erkenntnis in dem Pareto-Prinzip. Beziehungsnetzwerke zeichnen sich nicht nur durch ihre Quantität, also durch die bloße Personenanzahl aus, sondern in entscheidendem Maße durch ihre Qualität. Beide Pole gehören offenbar zusammen. Wirkung im Sinne von aktiven Beziehungen erzeuge ich jedoch fast ausschließlich mit der qualitativen Seite.

7 Lohnt sich ein Beziehungsaufbau überhaupt?

Ein Manager, der gerade von einem Beziehungsmanagement-Seminar zurückgekommen ist, bestellt einen seiner Kundenberater ins Büro und sagt: „Von heute an planen Sie Ihre Arbeit selbst. Und, klar, Sie kontrollieren sich auch selbst. Es ist wichtig zu begreifen, dass Sie von jetzt an Beziehungen zu Ihren Kunden aufbauen müssen."

Der Chef erklärt dies noch ein wenig. Er selber hatte alle diese Dinge auf seinem Seminar gehört, er ist begeistert und will alles sofort in die Praxis umsetzen.

Doch der Verkäufer versteht ihn nicht ganz. Beziehungen zu Kunden aufbauen? Warum soll das nötig sein? Der Chef sagt: „Ich bin fest davon überzeugt, dass das Ihre Produktivität beträchtlich erhöhen wird."

Der Verkäufer versucht es andersherum: „Bekomme ich auch mehr Geld?" „Aber nein", antwortet sein Chef etwas ungehalten. „Geld ist keine Motivation, und eine Gehaltserhöhung bringt Ihnen letztlich keine Befriedigung." Noch einmal erklärt er die Zusammenhänge zwischen dem Aufbau von Beziehungen, der langfristig angelegten Arbeit, der naturgemäß höheren Produktivität.

„Wenn durch Beziehungsaufbau die Produktivität steigt und wir ein besseres Image haben, bekomme ich dann mehr Geld?", fragt der Verkäufer schließlich. Beim Chef wird langsam die Schmerzgrenze erreicht, der Geduldsfaden reißt beinahe. „Hören Sie", sagt er, „offensichtlich verstehen Sie die Beziehungstheorie nicht. Nehmen Sie dieses Buch mit nach Hause, lesen Sie es. Sie werden daraus lernen, was der Aufbau von Beziehungen wirklich bedeutet."

Brav schnappt sich der Verkäufer das Buch, blättert ein wenig darin. Beim Hinausgehen blickt er sich noch einmal um und fragt kleinlaut: „Wenn ich das Buch gelesen habe, bekomme ich dann mehr Geld?"

Können Sie es sich tatsächlich leisten, keinen Beziehungsaufbau zu betreiben?

Diese Geschichte spiegelt die Probleme wider, die mir immer wieder auf Vorträgen und in Interviews geschildert werden. Hinter allem steht wie eine große Überschrift die Frage: „Lohnt sich Beziehungsaufbau überhaupt?"

Ich drehe dann gerne die Frage herum: Können Sie es sich eigentlich leisten, keinen Beziehungsaufbau zu betreiben? Wie wollen wir den einschätzen, ob sich die vielen Millionen Mark lohnen, die Firmen in die übliche Werbung stecken? Wir wissen aus Untersuchungen immerhin, dass 98 Prozent der üblichen Werbung schlicht nutzlos sind.

Um zur Frage zurückzukommen: Beziehungsaufbau lohnt sich immer. Das Ergebnis ist vielleicht nicht immer gleich messbar – aber das ist es bei fast allen Maßnahmen auf dem Sektor Unternehmen-Kunde nie.

Fest steht, dass der Aufbau von Beziehungsnetzwerken für kleine und mittelständische Unternehmen eine einfache, günstige und sehr wirkungsvolle Methode ist, Kunden zu gewinnen und sie an sich zu binden.

Wir haben im Hamburger Unternehmen Rothmann & Cie. AG durch diese Vorgehensweise das Ergebnis mehr als verzehnfacht – und dies innerhalb von drei Jahren. Ob sich das Beziehungsmanagement gelohnt hat? Natürlich!

Das Beispiel Lands' End: lebenslanges Rückgaberecht

Ein weiteres interessantes Beispiel ist das Unternehmen Lands' End aus den USA. Seit einigen Jahren ist dieses Versandhaus auch auf dem deutschen Markt tätig. Der Aufbau eines Beziehungssystems bzw. eines Kundenbindungssystems findet bei Lands' End einerseits durch einen mehrfach im Jahr verschickten Katalog statt, der teilweise wie ein interessantes Leseheft gestaltet ist, und andererseits durch die einfache wie wirkungsvolle Zusage der Unternehmensführung, dass jeder Kunde ein lebenslanges Rückgaberecht mit voller Preisrückerstattung für alle Produkte hat.

Dahinter stehen – wie kann es anders sein – qualitativ sehr gute Produkte. Und trotzdem: Hält ein Unternehmen ein solches Versprechen? Ich versichere Ihnen, ich habe es ausprobiert: Es stimmt. Meine Fragen zu einem von mir vor einiger Zeit gekauften und inzwischen fehlerhaften Produkt – die Fehler gingen nicht auf Lands' End zurück – wurden freundlich beantwortet und mir wurde geraten, das Kleidungsstück zurückzuschicken und mir ein neues zusenden zu lassen. Keine Rückfragen, keine unangenehmen Verkäuferinnen, kein meckernder Geschäftsführer. Ich bekam binnen weniger Tage die neue Ware.

Es leuchtet ein, dass eine solche Geschäftspolitik Kunden bindet. Der Lands'-End-Geschäftsführer wurde in einem Interview gefragt, ob dieses System nicht ausgenützt wird. Seine Antwort war einfach und verblüffend zugleich: „Wir werden nur von zwei Prozent unserer Kunden übers Ohr gehauen." Dies sei sein Werbebudget, und damit könne er sehr gut leben. Und diese Mund-zu-Mund-Propaganda sei die beste Werbung für sein Unternehmen.

Und jetzt schreibe ich sogar in diesem Buch darüber. Fazit: Sie sehen, Beziehungsmanagement lohnt sich!

Hand in Hand: Partnerstädte

Ein anderes Beispiel auf einer ganz anderen Ebene. Denken Sie einmal an das Phänomen der Städtepartnerschaften. Viele Städte, Gemeinden, Dörfer auf der ganzen Welt haben Verbindungen zu Städten in anderen Ländern geknüpft. Sie zeigen dies beispielsweise den Autofahrern an, indem sie Schilder an den Ausfallstraßen aufstellen und darauf ihre Partnerstädte erwähnen. Hinter der simplen Aufzählung der Namen steckt jedes Mal ein tief strukturiertes, weit greifendes Netzwerk von Beziehungen, die alle denkbaren Bereiche von Kontaktmöglichkeiten beinhalten. Es fängt an beim Austausch der Schüler gleicher Schulformen; regelmäßig reisen Klassen oder kleine Gruppen hin und her und verbringen Zeit im jeweils anderen Land. Daraus erwachsen Kontakte, im besten Fall Freundschaften. Die offiziellen Stadtvertreter besuchen sich ebenfalls regelmäßig, tauschen sich über Probleme oder besondere Erfolge in der Administration der Kommunen aus. Häufig werden sie von Vertretern ansässiger Unternehmen begleitet, die wiederum Kontakte mit der jeweils anderen Seite knüpfen. Auf diese Weise entstehen Wirtschafts- und Handelsbeziehungen, von denen ganze Regionen profitieren. Diese Art privater Wirtschafts-beziehungen sind übrigens für Unternehmen in Ländern mit restriktiven Regimen oftmals die einzige Möglichkeit, Außenbeziehungen aufzubauen und zu pflegen.

Wie gut ist Ihre Spannungsbilanz?

Bei allen diesen Kooperationen, bei allen Netzwerken ist für beide Seiten immer eine Frage wichtig: Wie interessant, wie spannend ist man für den anderen? Je größer dieser Faktor „Spannung" ist, umso interessanter gestaltet sich die Bezie-hung.

In den üblichen Unternehmensbilanzen und niederge-schriebenen Haushaltsentwürfen der Kommunen gibt es den Posten „Beziehungen" nicht. Aber er taucht sehr wohl in einer anderen Art von Bilanz auf, in der sogenannten Spannungsbilanz. Und dort wird dann abgerechnet und ge-schaut, wie interessant Ihr Unternehmen für Ihre Kunden wirklich ist. Also: Wie steht es um Ihre Beziehungen? Haben Sie gute Kontakte zu Ihren Kunden? Und wie ist es umge-kehrt? – Auf diese und viele andere Fragen in diesem Zu-sammenhang gehen wir im Kapitel „Spannungsbilanz oder Kapitalbilanz – was ist Ihnen lieber?" ein.

Vom Bauern, der an den Reispflanzen zog

Zum Abschluss eine kleine Geschichte. Ein chinesischer Bauer hatte seine Reispflänzchen zur rechten Zeit in den Boden eingebracht. Er versäumte keinen Morgen, aufs Feld zu gehen, um nach den zarten Halmen zu schauen. Die Vor-aussetzungen für gutes Gedeihen waren bestens: Der Bauer hatte gedüngt, gewässert und die Pflanzen fest in den Boden eingedrückt. Die Sonne schien, die Luft war lau und mild.

Zwei Wochen gingen ins Land. Der Bauer wurde langsam ungeduldig, weil er keine Veränderung an den Pflanzen sah. Sie schienen nur wenig größer geworden zu sein – zu wenig, dachte der Bauer. Er sann auf ein Mittel, das Wachstum zu beschleunigen. Da kam ihm eine Idee. Täglich zog er ein bisschen an den Halmen. Tatsächlich, sie wirkten größer, sie schienen schneller zu wachsen. Als er aber am siebten Tag aufs Feld kam, was musste er sehen? Die Pflänzchen lagen welk und entwurzelt im Wasser, und er musste mit seiner Arbeit von vorne beginnen.

Die Moral dieser Geschichte? Gras wächst nicht schneller, wenn man daran zieht. Oder wie man in Bayern sagt: Man kann auch mit Gewalt keinen Bullen melken.

Lassen Sie sich Zeit – der Beziehungsaufbau wird funktionieren! Ganz sicher.

8 Wie bauen Sie Beziehungsnetz-
werke auf?

Wohl dem, der eine ganze Reihe von Beziehungen und guten Kontakten hat. Aber noch besser ist es, wenn diese Beziehungen zu Netzwerken zusammenwachsen.

Was sind Netzwerke? Ein Netzwerk ist ein großes Geflecht, in dem viele Menschen auf unterschiedliche Weise Kontakt miteinander haben. Und das Ungewöhnliche an solchen Verbindungen ist, dass – unausgesprochen – jedes einzelne Mitglied um die Bedeutung dieses speziellen Kreises weiß. Jede einzelne Person ist freiwillig Teil (englisch: „part") und Partner dieses Netzwerks. Sie alle haben es verstanden, dass sie im Leben weiterkommen, wenn sie auf die Phantasien und Beziehungen aller Beteiligten bauen können.

Jedes Mitglied dieses Netzwerks bringt nun seine persönlichen Fähigkeiten zu 100 Prozent ins Ganze ein. Dabei weiß keiner der Beteiligten, welche seiner einzelnen Teilfähigkeiten wann benötigt werden.

Diese moderne Auffassung synergetischer Beziehungen unterscheidet sich vollkommen vom früheren Ansatz der Teamarbeit. Damals war man froh, wenn in einer Gruppe von Menschen der sich überlappende kleine Bereich – also die Schnittmenge – an

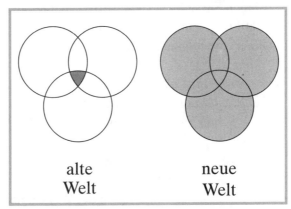

alte
Welt

neue
Welt

Gemeinsamkeiten genutzt werden konnte. Heute profitiert das gesamte Netz von den 100 Prozent, die jeder Einzelne mitbringt.

Aber Beziehungsnetzwerke fallen nicht vom Himmel. Sie wollen aufgebaut werden. Wie fängt man so etwas an? Müssen jetzt lange Listen mit Namen erstellt und systematisch abgearbeitet werden? Und vor allem: Wie aufwendig ist das alles?

Ich darf Sie beruhigen: Sie haben im Grunde schon lange damit begonnen. Sie haben – wenn auch nicht bewusst – bereits ein Netzwerk gesponnen. Vielleicht ist dieses Geflecht noch nicht professionell genug für den schnellen täglichen Gebrauch. Aber es existiert.

Wo? In Ihrer Adresskartei, im Rolodex, im Filofax, im Handheld, im PC. Ich weiß es von mir selbst: Diese Datei ist derart umfangreich, dass Sie jede Menge Arbeit damit haben werden, die wichtigsten dieser Adressen daraufhin durchzuforsten, welche einzelnen Kontakte an der jeweiligen Person in Ihrer Datei „dranhängen".

Und dann beginnen Sie bitte, eine Liste oder ein Beziehungsbuch zu erstellen. Darin schreiben Sie die Namen aller Personen nieder, die Sie bereits kennen. Sie werden erstaunt sein, wie viele es sind. (Siehe Kapitel „Wie entstehen Beziehungen?" und „Wo finden Sie geeignete Beziehungen?") Durchforsten Sie dazu systematisch ihr ganzes Leben. Bedienen Sie sich aller Eselsbrücken, Gedankenstützen, Assoziationen. Einige Anhaltspunkte für die eigene Recherche liefert die folgende Liste.

- *Ich kenne aus meiner Schul-, Hochschulzeit, aus meiner Ausbildungs- und Wehrdienstzeit ...*
  - Schulkameraden, Kommilitonen, Verbindungsbrüder
  - Eltern von Schulkameraden
  - Teilnehmer von Kursen und Lehrgängen
  - Lehrer und Ausbilder
  - ehemalige Kameraden der Wehrdienstzeit

● *Ich kenne vom heutigen bzw. früheren Arbeitsplatz ...*
  - Kollegen und Kolleginnen
  - Vorgesetzte
  - Kunden und Mitbewerber
  - Angehörige von Berufsverbänden
  - Nachbarn
  - Seminar-, Kurs- und Lehrgangsteilnehmer

● *Ich kenne durch meinen Ehepartner, durch meine Kinder ...*
  - Schulfreunde, Ausbildungs- und Berufskollegen
  - deren Bekanntenkreis
  - deren Organisationen
  - Eltern von Spiel- und Schulkameraden unserer Kinder
  - Lehrer, Erzieher, Ausbilder der Kinder
  - Bekannte, Freunde der Kinder

● *Ich kenne Verwandte ...*
  - mütterlicherseits
  - väterlicherseits
  - ... des Ehepartners
  - ... von Freunden oder Bekannten
  - Patenkinder von mir und meinem Ehepartner

● *Ich kenne aus meiner früheren und heutigen Nachbarschaft ...*
  - ehemalige Freunde und Nachbarn
  - heutige Freunde und Nachbarn
  - Grundstückseigentümer
  - Vermieter und Makler

● *Ich kenne vom Sport, vom Hobby, vom Autofahren ...*
  - Sportkameraden, Vereinsmitglieder, fördernde Mitglieder
  - Menschen mit gleichem Hobby
  - Reparaturwerkstätten, Tankwarte, Mechaniker
  - Autozubehörgeschäfte
  - Autoclubmitglieder

● *Ich kenne durch meine Urlaubsreisen ...*
  - Reiseveranstalter, Reisebetreuer
  - Gastronome, Hoteliers

- Service- und sonstiges Personal
- Urlaubsbekanntschaften
- *Ich kenne Leute durch den Erwerb oder das Mieten eines Hauses, einer Wohnung oder eines Grundstücks...*
  - Architekten, Bauunternehmer, Lieferanten
  - Vorbesitzer, Vormieter, Hausverwalter, Notare, Rechtsanwälte
  - Installateure, Putzer, Maler, Zimmerleute, Elektriker
  - sonstige Handwerker
- *Ich kenne Leute durch gesellschaftlicher Ereignisse...*
  - von Geburtstagen
  - von Namenstagen
  - von Jubiläen
  - von Partys und anderen Festen
  - von Hochzeiten, Silberhochzeiten, etc.
  - von Kinderfesten, Schulfesten
- *Ich kenne über meine Mitarbeit in der Gemeinde, in Wohltätigkeitsverbänden, durch meine Mitgliedschaft in Organisationen und Clubs...*
  - Gleichgesinnte bzw. auf gleiche/ähnliche Weise Tätige
  - Förderer, Stifter, Vorsitzende, Mitglieder etc.
  - Betreute etc.
- *Ich kenne Leute, die von mir leben...*
  - Lebensmittel-, Haushaltswarengeschäfte
  - Kohle-/Heizöllieferanten

- Reinigung, Wäscherei
- Friseur, Bäcker, Metzger, Tabak- und Zeitungshändler etc.
- Geschäfte, die mir in letzter Zeit Rechnungen schickten
- Arzt, Zahnarzt, medizinische Geschäfte
- Apotheken, Drogerien

Die Zielgruppendefinition

Dann ist es an der Zeit, die große Liste ein Stück einzugrenzen. Die Frage dazu lautet: Welche Art von Beziehungen suche ich eigentlich? Oder: Welche Beziehungen sind im Augenblick für mich geeignet? Sie nehmen also eine Zielgruppendefinition vor. Damit sorgen Sie dafür, dass Sie Ihre Kontakte leichter ordnen können.

Wenn Sie ein eigenes Unternehmen führen oder in einer Führungsposition tätig sind, fragen Sie sich bitte in einer ruhigen Stunde, wie Ihr Unternehmen seine Beziehungen durchstrukturiert hat. Es ist für eine Person wahrscheinlich viel zu aufwendig, alle Kontakte zu durchforsten. Genau darum geht es, aber erst in einem späteren Schritt. Entscheidend ist, dass Sie als Führungskraft auf das Problem aufmerksam geworden sind. Sie haben es jetzt in der Hand – siehe Kapitel „Das ‚Wir'-Gefühl und die Vision" –, innerhalb Ihres Unternehmens eine Vision, ein Bewusstsein und letztlich ein synergetisches Beziehungssystem zu schaffen, damit jeder in seinem Bereich seine eigene Kontaktliste durchsieht und damit zu arbeiten beginnt.

Ich rate Ihnen, die Informationen in einer Datenbank zusammenzuführen. Wenn Sie nun beginnen, Verknüpfungen herzustellen und ein Netzwerk aufzubauen, wird Ihnen bewusst, welch ein großes Kapital diese Datei darstellt.

Das Softwareunternehmen SAP geht beispielsweise mit seinen guten Kundenkontakten bei der Akquise ganz offensiv vor. Ein vorhandener zufriedener Kunde wird mitunter zu Gesprächen zu neuen Kunden mitgenommen. Denn ein zufriedener Kunde schafft bei einem Dritten Vertrauen: der Beginn einer jeden neuen Beziehung. SAP zeigt, dass es die Beziehungsregel Nr. 1 beherzigt: Vertrauen aufbauen.

Das Denken in Netzwerken üben

Das Denken in Beziehungsnetzwerken und deren Aufbau muss regelrecht trainiert werden. Ich habe mir eine Übung zum Sport gemacht: Wenn ich unterwegs bin – z. B. im Flugzeug oder auf einer Veranstaltung – und irgendwo eine bekannte Persönlichkeit, einen Prominenten sehe, dann denke ich sofort über mein Netzwerk nach und überlege, wen ich kenne, der mir den Kontakt zu dieser Persönlichkeit verschaffen könnte. Ob ich den Kontakt dann wirklich herstelle, ist eine andere Sache.

Durch dieses permanente innere Abchecken von Fakten trainiere ich das Gehirn auf Netzwerke hin. Das ist alleine schon deshalb nötig, weil wir immer wieder Namen und Personen vergessen. Zwar fallen sie bei irgendeiner Gelegenheit einem wieder ein. Aber die Chance des Augenblicks kann schnell verpasst sein.

Wenn Sie beispielsweise dieses Training machen wollen, fangen Sie nicht gleich mit dem Präsidenten der Vereinigten Staaten an. Beginnen Sie im kleinen Rahmen. Überlegen Sie sich beispielsweise bei einem Unternehmer in Ihrer Umgebung oder bei einem Politiker, wer Ihnen den Zutritt in die Gemächer dieser Person verschaffen könnte.

Eine andere kleine Übung ist, im Geiste zurückzugehen und zu überlegen, welche Ereignisse in Ihrem Leben nur dadurch zustande kommen konnten, weil eine bestimmte Beziehung im Spiel war.

In meinem Leben gibt es das Beispiel, wie ich meinen Führerschein bekam. Wie wir alle wissen, darf man in

Deutschland den Führerschein erst mit dem 18. Lebensjahr machen. Nun – ich hatte bereits mit 16 Jahren den Führerschein. Sie fragen, wie das möglich ist. Ganz einfach: Nur über Beziehungen – die allerdings mein Vater und mein damaliger Lehrherr hatten. Über diese beiden Beziehungsbroker bekam ich dann die Chance, den Führerschein früher zu machen. Und in diesem speziellen Fall war es so, dass nicht nur ich von dieser Aktion profitierte, sondern auch mein Vater und mein Chef.

Auch hier gilt die alte Weisheit: Sollen Beziehungen langfristig funktionieren, ist es wichtig, immer eine faire Situation für beide Seiten herzustellen. Keiner darf übervorteilt werden.

Sie verknüpfen Namen mit Informationen

Wenn Sie Ihr Beziehungskonto oder Ihre Kundenliste durchgehen, fragen Sie sich bitte, welche persönlichen Einzelheiten Sie eigentlich über Ihre Kontaktpersonen wissen. Denn wer ein Beziehungsnetzwerk aufbauen will, braucht mehr als nur einen Namen und eine Telefonnummer. Es reicht auch nicht, vielleicht noch das Geburtsdatum zu wissen. Denn Sie führen ja nicht Buch über die Rekruten einer Armee, sondern Sie wollen ein Beziehungsnetzwerk aufbauen.

Welche Informationen werden also benötigt? Hier ist eine Liste, die Ihnen hilft, sich ein Bild über Ihre Kontaktperson zu machen.

- *Name*
- *Adresse*
- *Geburtsdatum* der Person und das seines Lebenspartners und seiner Kinder
- *Netzwerkpartner*, über den Sie die Person kennen gelernt haben. Auch wichtig: Bei welcher Gelegenheit und wo trafen Sie zusammen?

- *Interessen* der Person; ihr Fachgebiet: einer der wichtigsten Punkte. In diesem Bereich können Sie sie unterstützen bzw. selber Unterstützung erfahren.
- *Telefon/Fax/E-Mail/Internet-Homepage*
- *Titel*
- *Firma*
- *Verbindung*
- *Familie/Angehörige/familiäre Besonderheiten*
- *Ausbildung*
- *Mitgliedschaften*
- *Hobbys*
- *Besondere Leistungen*

Das sind erheblich mehr Informationen, als Sie üblicherweise über eine Kontaktperson wissen. Genau das ist beabsichtigt. Denn einen großen Teil dieses Wissens benötigen Sie, wenn Sie Beziehungsmanager sind.

„Aber wo soll ich diese ganzen Daten bloß speichern?", fragen Sie zu Recht. Die Antwort ist einfach: Es gibt heute ausgezeichnete kleine Datenbanken, die Sie für wenig Geld kaufen und effektiv einsetzen können. Diese Minicomputer nehmen Ihnen beim Speichern und Verwalten von Beziehungs-Know-how viel Arbeit ab.

Was sollte eine Beziehungssoftware leisten?

Wir haben uns intensiv mit der Frage auseinandergesetzt, was eine Software inhaltlich leisten sollte, die Beziehungen verwaltet. Wir sprechen also über eine Software, die nicht nur Adresse und ein paar dazugehörende Informationen auflistet, sondern die Daten und Namen verknüpft und Projektionen darstellen kann. Dazu ein paar Überlegungen.

Wichtig ist, dass der Einsatz von EDV im Beziehungsmanagement niemals Selbstzweck sein darf, sondern immer „nur" ein Werkzeug ist. Dieses Tool hat den Zweck, das Verwalten von Beziehungen nicht nur rein nummerisch, sondern vor allem qualitativ zu optimieren.

Zunächst einmal muss die Software die jeweiligen Beziehungskonten abbilden können. Es muss auf dem Monitor eine Art „Beziehungsbaum" entstehen, der mir auf einen Blick anzeigt, wen ich wann und wo und durch wessen Vermittlung kennengelernt habe. Dann soll auch die Herkunft der jeweiligen Person auftauchen, außerdem die ihr erwiesenen Gefälligkeiten.

Eine weitere Anforderung an die Software wäre, dass sie die Einbindung einer jeden Person in bestimmte Ziele, Ideen und Projekte aufzeigt. Selbstverständlich tauchen dabei auch Verbindungen und Verknüpfungen verschiedener Personen untereinander auf. Dann sollte die Software Projektionen in die Zukunft erlauben. Sie sollte beispielsweise folgende Fragen beantworten können: Wenn Projekt X realisiert wird – welche qualitativen Veränderungen ergeben sich daraus für die Beziehungen der betroffenen Personen untereinander?

Beziehungen sind immer lebendig. Sie verändern sich, die Personen verändern sich, Ziele und Ergebnisse gestalten sich um. Alles dies muss eine Software abbilden können. So muss beispielsweise ein Unternehmen mit allen seinen wichtigen internen und externen Prozessen darstellbar sein. Auch hierfür gilt: EDV ist niemals Selbstzweck: Sie wird nur dann gewinnbringend eingesetzt werden, wenn die mit ihr arbeitenden Mitarbeiter täglich den daraus erwachsenden Gewinn erfahren.

In der täglichen Anwendung müssten beispielsweise folgende inhaltliche Themenbereiche abgedeckt werden: Die (Beziehungs-)Ergebnisse von Meetings und/oder Kundengesprächen müssen sich schnell und übersichtlich in das Rechnerprogramm einarbeiten lassen. Das Gleiche gilt für zufällige Begegnungen und/oder Begegnungen gesellschaftlicher Art.

Eine weitere Anforderung an die Software ist die der Zukunftssicherheit. Die Einbindung in zu erwartende Soft- und Hardwareentwicklungen muss gewährleistet sein. Die Kommunikation muss so einfach wie nur eben möglich gestaltet werden. Und schließlich: Die Software muss derart kompakt sein, dass sie ohne Probleme auf mobilen Rechnern installiert werden kann und dort auch schnell und zuverlässig funktioniert.

Eine Selbstverständlichkeit sind Anforderungen wie Vernetzbarkeit mit anderen Rechnern, Internet-Kompatibilität, system- und rechnerübergreifende Plattformen, Einbindung multimedialer Daten (Bild und Ton).

Ein Test: Wie gut sind Ihre Beziehungen?

Nach diesem Ausflug in die Zukunft der Verknüpfung von Datenverarbeitung und Beziehungsmanagement zurück auf den heutigen Stand. Wenn also nun in etwa die Anforderungen feststehen, nach denen alte und künftige Kontakte nach und nach auf den aktuellen Informationsstand gebracht werden, sollten Sie einmal testen, wie gut oder interessant Ihre Beziehungen sind. Ich empfehle Ihnen dazu die folgende Übung.

Nehmen Sie eine Alltagssituation. Sie denken beispielsweise über den Kauf eines neuen Autos nach. Nun stellen Sie sich die Frage, wie Sie über Ihr Netzwerk zu dem Auto kommen, das Sie ins Auge gefasst haben. Platt gesagt: Ins Autohaus gehen kann jeder. Sie möchten jedoch das Auto über Beziehungen preiswerter erwerben.

Ganz gleich, ob Sie als Führungskraft eines Unternehmens, als Angestellter oder als Privatperson diese Übung machen: Sie werden ähnliche Erfahrungen machen.

—

Erstens stellen Sie ziemlich schnell fest, wie gut – das heißt in diesem Falle: wie geschäftlich tragbar – Ihre Beziehungen tatsächlich sind. Und zweitens wissen Sie sofort, welche Beziehungen ausgebaut werden müssen.

Ein zweiter Test: Wie wertvoll sind Ihre Gesprächspartner?

Sie können den kleinen Test mit jedem anderen Konsumgegenstand machen. Und Sie können den Test auch auf einer ganz anderen Ebene durchführen: Überlegen Sie bitte einmal, mit welchen Menschen Sie sich im Gespräch gut austauschen können. Welche Menschen kennen Sie, von denen Sie wissen, dass persönliche Gespräche Hand und Fuß haben und allen Seiten etwas bringen? Geht es Ihnen wie vielen anderen, die das Gefühl haben, dass es an genau jener Stelle hapert?

Der Aufbau von Beziehungen schließt selbstverständlich Begegnungen im geistig-seelischen Bereich mit ein. Insbesondere dann, wenn vom Aufbau eines Beziehungsnetzwerks die Rede ist. Denn der Mensch lebt nicht nur vom Brot allein …

Zeig' mir deins, dann zeig' ich dir meins

Sie meinen also, Ihr Beziehungsnetzwerk müsse ausgebaut werden?! Sie meinen, da fehlt letztlich eine ganze Menge?

Einer der effektivsten Wege, sein Netz zu erweitern, besteht darin, seine Beziehungen mit anderen auszutauschen.

Hand aufs Herz – Blick ins Handfeld: Wie groß ist Ihr mögliches Beziehungsnetz? Wenn Sie darauf antworten: „Unendlich", so haben Sie Recht. Denn

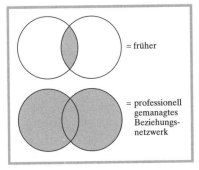

= früher

= professionell gemanagtes Beziehungsnetzwerk

Grenzen sind Ihnen in dieser Hinsicht lediglich durch die begrenzte Anzahl von Menschen auf dieser Erde gesetzt. Das heißt, wenn man Haustiere nicht mitzählt. Ich kenne einen Tierarzt, der ein recht gutes Auskommen hat, weil er besonders nett zu den „richtigen, wichtigen" Hunden ist …

In der Wirklichkeit besteht Ihr Beziehungsnetz aus Ihren sämtlichen Kontakten plus den Kontakten Ihrer Verwandten, Ihrer Freunde, Geschäftspartner usw.

Nun nehmen wir an, Sie müssten Einladungen zu einer großen Wohltätigkeitsveranstaltung verschicken. Sie wollen mehrere hundert Menschen auf die Beine bringen, denn mit dem Erlös der Veranstaltung soll eine wichtige gute Sache unterstützt werden.

Als Erstes forsten Sie Ihre eigene Kontaktliste durch. Doch die reicht mit Sicherheit nicht aus. Dann fragen Sie Ihre Freunde und Bekannten aus eben jener Liste, ob die nicht wiederum ihre eigene Liste beisteuern könnten. Wenn Ihren Freunden das Angebot gefällt, würde sicher der eine oder andere ein paar seiner Bekannten fragen, und im Nu haben Sie statt ein paar hundert ein paar tausend Adressen zusammen.

Sie müssen im Ernstfall damit rechnen, genauso von Ihren Freunden oder Geschäftspartnern gefragt zu werden. Und jetzt stellen Sie sich bitte vor, was Sie von denen erwarten: äußersten Respekt im Umgang mit diesen Kontaktpersonen.

Genau das erwarten die anderen auch von Ihnen.

Sie sehen, dieses ganze System ist einerseits äußerst wir-

kungsvoll. Andererseits basiert es einzig und allein – ebenso wie ein Seiltanz – auf Ausgewogenheit und Vertrauen. Wenn man Vertrauen verspielt, fällt man mitunter schnell in Ungnade. Und davon erholt man sich nur sehr schwer, denn der Fall ähnelt dem Sturz vom Hochseil.

9 Was ist ein Beziehungsbroker?

Wenn wir über Beziehungen sprechen, fallen immer wieder die Begriffe Beziehungsbroker und Beziehungsmanager. Diese beiden Worte bezeichnen eine Person und ihre Tätigkeit: Ein solcher Mensch bringt andere Menschen zusammen, damit diese Gemeinsamkeiten entdecken können, aus denen vielleicht eine wie auch immer geartete Beziehung entsteht, sei es privater oder geschäftlicher Natur. Ein Beziehungsbroker bahnt Beziehungen an.

Ein Beispiel? In München gibt es Frau Sixt. Sie ist die Ehefrau des großen Mietauto-Unternehmers. Diese Dame veranstaltet einmal pro Jahr, jedes Mal wenige Tage vor dem Formel-1-Rennen in Monte Carlo, in Südfrankreich eine große Party. Zu diesem Fest kommen viele Prominente und solche, die nicht prominent, aber bekannt und in ihrem jeweiligen Bereich gut sind. Alle diese Menschen treffen sich also einmal im Jahr. Was meinen Sie, wie viele kleine und große, wichtige und unwichtige Erlebnisse bei dieser Gelegenheit ausgetauscht werden! Und wie viele Geschäfte dabei angebahnt werden! Wie viele Menschen dort zum ersten Mal aufeinandertreffen und sich verabreden, um gemeinsam ein Projekt anzugehen! Mit anderen Worten: Frau Sixt ist eine Beziehungsbrokerin.

Die Kunst, Menschen zusammenzuführen

Erneut die Frage: Was ist ein Beziehungsmanager? Im Grunde trägt dieses Wort einen Widerspruch in sich. Denn wir haben gesagt, dass Beziehungen sich dadurch auszeichnen, dass sie langsam wachsen. Und dieses Wachsen kann man nicht managen. Man kann aber sehr wohl die Voraussetzungen fürs Wachsen schaffen – und das macht ein Beziehungsmanager. Er führt Menschen zusammen, damit synergetisches Wachstum zwischen ihnen entstehen kann.

Wer eine solche Aufgabe hat, muss ein Mensch mit einer sehr hohen sozialen Kompetenz sein. Er muss die vier Ms verinnerlicht haben: „Man muss Menschen mögen".

Es versteht sich von selbst, dass ein erfolgreicher Beziehungsbroker über viele gute und interessante Verbindungen verfügt. Aufgrund seines Selbstverständnisses ist er durchaus bereit, diese an geeignete Partner (Part = Teil = ein Teil des Ganzen) weiterzugeben. Genauso erwartet er von anderen, entsprechende Kontakte genannt zu bekommen.

Das Band des Vertrauens

Ein Beziehungsmanager hilft, neue Beziehungen aufzubauen. Er pflegt gewachsene Beziehungen und er verkürzt durch seine Tätigkeit die Wege zwischen den Menschen. Jeder Mensch braucht für den Aufbau einer Beziehung zu einer anderen Person eine gehörige Portion Vertrauen. Dieses bei jeder neuen Beziehung anfangs fehlende Vertrauen überbrückt der Beziehungsbroker. Seine Referenz, die er für eine Person abgibt, ermöglicht der anderen Person, vertrauensvoll auf den neu kennen gelernten Menschen zuzugehen. Ein Beziehungsbroker wirkt also als eine Art Vertrauensband zwischen Menschen, die sich noch nicht kennen.

Der Beziehungsbroker weiß, dass – wenn zwei Menschen zusammenkommen – beide Seiten ein Stück von ihrer jeweiligen Macht abgeben müssen. Sie müssen zunächst einen Verzicht leisten, um dann gemeinsam neue Macht aufbauen oder hinzugewinnen zu können.

Dem Beziehungsmanager sollte es immer ausschließlich um die Sache gehen – nicht um ihn selbst. Das bedeutet, dass er in den Hintergrund treten können muss. Dies setzt großes Selbstbewusstsein voraus.

Alle diese Fähigkeiten erfordern vom Beziehungsmanager eine Menge an Wissen: über sich selbst, über Menschen und über Unternehmen. Das bedeutet aber nicht, dass er jede Beziehung um jeden Preis anbahnt. Das bedeutet auch nicht, jedem seine Kontakte andienen zu wollen. Eine guter Broker weiß, dass er es längst nicht jedem recht machen kann. Im Gegenteil: Für den Beziehungsmanager gilt der Satz: „Everbody's Liebling ist everybody's Depp." Es reicht vollkommen aus, seinen festen Platz im eigenen Netzwerk und in den Netzen der Partner zu haben. Dort muss man akzeptiert werden, alles andere ist gleichgültig.

Mit der Hälfte von 60 Prozent lässt es sich arbeiten

Der im vergangenen Jahrhundert lebende italienische Wirtschaftstheoretiker Vilfredo Pareto (siehe das Kapitel „Die 80/20-Regel des Herrn Pareto") fand über diese Zusammenhänge erstaunliche Regelmäßigkeiten heraus.

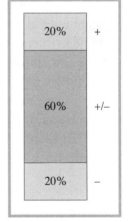

Es ist fast immer so, dass in einem Meinungsstreit sich drei Positionen herausschälen. Die eine Partei ist dafür, die andere dagegen, die dritte ist unentschieden.

Bis jetzt ist daran noch nichts Verblüffendes. Interessant wird es jedoch, wenn man weiß, dass fast immer exakt 20 Prozent dafür, 20 Prozent dagegen und 60 Prozent unentschieden sind.

Führen Sie nun in Ihrer Firma ein neues Marketingsystem ein, sollten Sie sich nicht gebauchpinselt fühlen, wenn Ihnen 20 Prozent der Mitarbeiter auf die Schultern klopfen. Sie brauchen auch nicht traurig oder verärgert sein, wenn 20

Prozent selbst die besten Ideen glattweg ablehnen. Und auch die große stille Mehrheit sollte Sie nicht aufregen. Denn diese Verteilung von Zustimmung oder Ablehnung ist offenbar ein uraltes Prinzip. Auch dies hat Herr Pareto für uns herausgefunden.

Übrigens: Vielleicht hat dieses Prinzip sogar etwas mit Synergien in den Beziehungen der Menschen untereinander zu tun.

Wenn ich mich nun in meiner Haltung von den Zustimmern oder von den Ablehnern beeinflussen lasse, habe ich jeweils immer verloren. Sobald ich es jemandem recht machen will, habe ich den Rest der Menschen gegen mich. – Was tun?

Ganz einfach: Stehen Sie zu Ihrer Haltung und machen Sie sich diejenigen zu Verbündeten, die zu der oberen Hälfte der 60 Prozent gehören und scheinbar unentschieden geblieben sind. Denn diese sind in Wirklichkeit diejenigen, mit denen Sie arbeiten können, die zuhören wollen und ernsthaft interessiert sind. Der einzige Grund, warum sie sich nicht entschieden haben, liegt vielleicht darin, dass sie nicht blind in irgendetwas hineinspringen. Sie denken nach, lassen sich Zeit, und entscheiden sich, wenn sie überzeugt sind.

Für den Beziehungsmanager bedeutet das: Er bezieht seinen Standpunkt und bleibt dort stehen. Er lässt sich weder von Jasagern noch von notorischen Verhinderern beeinflussen. Er sucht seine Beziehungen in Ruhe und im guten oberen Bereich aus der Menge seiner Kontaktpersonen.

Welche Fähigkeiten sind spannend für andere?

Ein Beziehungsmanager wird nicht immer mit offenen Armen empfangen, bloß weil er sich mit Synergien und Beziehungen auskennt. Er selber muss interessant und spannend für andere sein. Warum sollte ihm sonst jemand zuhören?

Und schließlich: Jeder Beziehungsmanager muss verinnerlicht haben, dass die Summe unterschiedlicher Fähigkeiten zusammgenommen eine neue höhere Ordnung entstehen lässt. Das heißt, eine seiner Aufgaben ist es, die unterschiedlichen Fähigkeiten bei den Menschen, mit denen er zu tun hat, richtig einzuschätzen. Er muss wissen, welche Fähigkeiten und Fertigkeiten sich ergänzen oder abstoßen, welche spannend füreinander sind; er muss erahnen, aus welchen Fähigkeiten gute Beziehungen erwachsen können.

An dieser Stelle, lieber Leser, möchte ich kurz innehalten. Ich möchte Sie bitten, über die folgende Frage nachzudenken: Welche Ihrer persönlichen Fähigkeiten halten Sie für so außergewöhnlich, dass diese auch für andere interessant sein könnten? Die Beantwortung dieser Frage liefert Ihnen einen Hinweis darauf, welche Menschen für Sie und für wen Sie eine spannende Beziehung darstellen. (Siehe Kapitel „Spannungsbilanz oder Kapitalbilanz – was ist Ihnen lieber?".)

Berufen zur Beziehungsanbahnung

Es gibt einen kompletten Berufszweig, der nichts anderes macht, als Menschen und Unternehmen vertrauensvoll zusammenzubringen: Headhunter. Die Besten der Branche tun ihre Arbeit diskret im Hintergrund. Sie suchen Gesprächspartner, die zueinander passen: Der eine ist Manager und braucht eine neue  Aufgabe, der andere ist Chef eines Unternehmens und braucht einen tüchtigen Geschäftsführer. Headhunter bringen beide Seiten zusammmen.

Etwas vom Prinzip her Ähnliches machen seit einiger Zeit

in Deutschland die so genannten Business Angels. Die Idee stammt aus den USA, dort gibt es bereits 27 000 solcher Business Angels. Sie investieren gewaltige Summen in junge Unternehmen – über 47 Milliarden Mark pro Jahr. Damit finanzieren sie über 30 000 Marktneulinge.

In der deutschen Vereinigung, deren Sitz München ist, arbeiten erfahrene Manager. Sie helfen Existenzgründern, jungen Unternehmen und Unternehmern mit Know-how, Kontakten und Finanzen. Und auch bei diesem Projekt kommen zwei Partner zusammen, die sich zuvor nicht kannten – und wieder entstehen neuen Beziehungen.

Immerhin sind es rund 27 000 Geschäftsführer mit langjähriger Berufspraxis, die junge Betriebe mit insgesamt rund 1,4 Milliarden Mark unterstützen. Experten rechnen jedoch vor, dass der Bedarf weitaus größer ist: Bis zu 200 000 Angels werden benötigt, die insgesamt rund 13 Milliarden Mark an Eigenkapital einsetzen könnten.

Das Kapital der Headhunter wie der Business Angels sind Wissen und Kontakte. Und genau dies ist das Gold des 21. Jahrhunderts. Denn mit Know-how und Kontakten ist heute fast alles zu bewegen.

Hier sind einige Kontaktadressen für junge Unternehmen, die in Deutschland den Rat eines helfenden Business Angels benötigen.

- Bundesweite Vermittlung Alt hilft Jung e.V.
  Tel: (02 28) 8 89 13 42 / www.alt-hilft-jung.w3d.de
- BAND (Business Angels Netzwerk Deutschland)
  Tel: (0 30) 21 25 47 00 / www.exchange.de/band
- Bundesverband junger Unternehmer, Online-Forum /
  www.bju.de/existenz
- Business Angels Agentur Ruhr. Tel: (02 01) 89 41 50 /
  www.proruhrgebiet.de
- Business Angels Club Berlin. Tel: (030) 21 25-0 /
  www.investitionsbank.de

- Munich Business Angel Network. Tel: (0 89) 6 30 25 30 / www.fntev.de
- Wagniskapitalinitiative Wuppertal. Tel: (02 02) 4 46 92 92
- Existenzgründung aus Hochschulen, Niedersachsen. Tel: (04 41) 7 98 23 13 / www.dialog.uni-oldenburg.de/power-nordwest
- Cyberforum, Karlsruhe. Tel: (07 21) 6 18 33 30 / www.cyberforum.de

10 Ego-Marketing – werden Sie aktiv!

Jedes Mal, wenn ich mich mit Bekannten über Beziehungsmanagement unterhielt, kam an einer Stelle des Gesprächs regelmäßig der folgende Einwand: „Das ist ja alles schön und gut. Aber ist es nicht zu theoretisch? Beziehungen – das ist doch eine Sache der Praxis…"

„Das stimmt", lautete meine Antwort, „aber wir können in der Praxis nur dann kompetent und sachgerecht handeln, wenn wir uns zuvor Gedanken gemacht haben, wenn wir in der Theorie wissen, wohin wir wollen."

Sie gaben mir Recht. Und ich musste auch ihnen Recht geben. Tatsächlich ist Beziehunngsmanagement keine Sache, die im stillen Kämmerchen stattfindet. Beziehungen wollen gelebt und in der Praxis ausprobiert werden, das Thema drängt nach außen. Und daher gilt insbesondere für Sie, wenn Sie Beziehungsmanager werden wollen: Stellen Sie Ihr Licht nicht unter den Scheffel, sondern gehen Sie in Ihrer Umgebung aktiv mit dem Thema Beziehungen um.

Die Bewährung in der Öffentlichkeit

Insbesondere wenn Sie beispielsweise Partnersysteme oder ähnliche Beziehungs- und Kundenbindungssysteme entwickeln (siehe Kapitel „Wie bauen Sie Partnersysteme auf?"), hilft es Ihnen nichts, dies theoretisch zu versuchen. Sie kommen nicht weiter, wenn Sie Ihr Wissen für sich behalten. Sie müssen das Thema – und damit auch zum Teil sich selber – in die Öffentlichkeit tragen. Dort findet die Bewährung statt.

Das Stichwort dazu lautet Ego-Marketing. Es bedeutet,

dass Sie sich zu einem gewissen Teil selbst vermarkten sollten. Der Spruch der PR-Branche gilt auch hier: „Tue Gutes und rede darüber." Und als Beziehungsmanager tun Sie sehr viel Gutes...

Der Grund für das Ego-Marketing ist einfach. Beziehungsmanagement auf Geschäftsbasis hat viel mit Bekanntwerden in der Gesellschaft bzw. in bestimmten Kreisen zu tun. Eine Firma ist interessant und spannend für ihre Kunden und Geschäftspartner, wenn die Öffentlichkeit irgendetwas mit ihr verbindet. Wenn der Name und einige der handelnden Personen bekannt sind. Daher genießen Prominente einen hohen Stellenwert innerhalb einer Spannungsbilanz. (Siehe Kapitel „Spannungsbilanz oder Kapitalbilanz – was ist Ihnen lieber?".)

Ein hoher Stellenwert in der Spannungsbilanz

Diese Grundsätze gelten zum einen für das Unternehmen, in dem Sie tätig sind. Sie gelten auch für Unternehmen, die Sie eventell beraten. Und sie haben Gültigkeit für Sie selbst. Je bekannter Sie persönlich sind, umso höher ist Ihr Stellenwert in einer Spannungsbilanz – und umso interessanter werden Sie für andere.

Und genau das ist der Kernpunkt im Aufbau von Beziehungsnetzwerken: Wie spannend bin ich für mein Gegenüber – sei es ein Unternehmen, ein Geschäftsfreund, ein Bekannter? In der Beantwortung dieser Frage liegt häufig der Grund dafür, ob Beziehungsnetzwerke zustande kommen oder nicht. Wenn zwei zusammenkommen wollen, sollten sie füreinander einigermaßen gleichwertig spannend sein.

Öffentlichkeit erhöht also den Grad an Interessantheit. Doch der Schritt ins mehr oder weniger grelle Rampenlicht ist kein einfacher. Denn die Öffentlichkeit – repräsentiert durch die Medien, durch Zeitungen, Fernsehen, Radio und mittlerweile auch durchs Internet – hat eigene Spielregeln. Und die muss man kennen.

PR-Berater – der Mann für viele Fälle

Wer weiß über die Spielregeln des Marketing und des PR(Public Relations)-Geschäfts Bescheid? Dazu gibt es PR-Berater, entsprechende Agenturen, dann Journalisten und die so genannten Öffentlichkeitsarbeiter – also Mitarbeiter von Pressestellen – in Firmen und Verwaltungen.

An dieser Stelle können Sie gleich Ihr Beziehungsnetzwerk testen: Ist jemand unter Ihren Bekannten, mit dem Sie sich über diese Dinge professionell unterhalten können? Falls nein, wird es Zeit, sich um einen entsprechenden Kontakt zu kümmern.

Wenn Sie also in die Öffentlichkeit möchten, treten Sie mit einem PR-Berater in Kontakt. Mein dringender Rat: Suchen Sie sich einen guten Mann. Und zwar jemanden, der selber in Ihrer Branche gearbeitet hat oder noch tätig ist und Erfahrung besitzt. Hochschulabgänger mit wichtig klingenden Titeln sowie studierte Marketing- und Kommunikationswirte ohne Praxis sollten Sie meiden.

Die nächsten Schritte wären dann die Entwicklung eines PR-Konzepts und die Positionierung Ihrer Person und dessen, was Sie nach außen tragen wollen. Entsprechende Rhetoriktrainings können hinzukommen. In jedem Fall sollten Sie eine fertiggestellte Pressemappe in der Schublade haben, in der – für die Medien gut verwendbar – alles das niedergeschrieben ist, was Sie in der Öffentlichkeit bekannt geben möchten.

Wir sprachen von Beziehungsbrokern, speziell von Headhuntern und Business Angels. Beides sind Beziehungsmanager par exellence. Sie führen Menschen zusammen, die ihre jeweiligen Fähigkeiten verbünden, damit  daraus etwas Neues entstehen kann.

Tatsächlich gibt es eine ganze Reihe von Beispielen für aktives und gelebtes Beziehungsmanagement in der Wirtschaft.

In den Jahren 1998 und 1999 ging die große Fusion der beiden Konzerne Daimler Benz und Chrysler über die Bühne. Einer der größten Autokonzerne der Welt ist entstanden. Tatsächlich haben wir alle sehr wenig davon mitbekommen; erst als die Karten auf dem Tisch lagen, wurde der Rest der Welt informiert. Die Vorstandschefs der beiden Konzerne, Jürgen Schrempp und Robert J. Eaton, bereiteten in aller Stille das Geschäft monatelang im kleinen Kreis vor. Es wurde die größte Unternehmensfusion in der Geschichte. Schrempp und Eaton hatten verstanden, dass sie die Herausforderungen des Weltmarktes nur gemeinsam bewältigen können.

Die dahinterstehende Einstellung der beiden Konzerne, mit der im Nachhinein die Öffentlichkeit und vor allem die Aktionäre überzeugt werden sollten, konnte man in der aktuellen Werbung in den Tageszeitungen ablesen. „Das Leben wäre ärmer ohne Partner" hieß es da. Auf das Thema der Beziehung übertragen – und anknüpfend an unsere

Überlegungen in den vorhergehenden Kapiteln – heißt das: Beide Unternehmen sind eine synergetische Beziehung eingegangen. Sie haben sich zusammengeschlossen, um – bleibt man weiter im oben gezeichneten Bild von Evolutionen – eine höhere Ordnung zu erreichen.

Das jährliche Treffen in Davos

Ich fragte mich, bei welchen Gelegenheiten sich führende Menschen unserer Zeit – zum Beispiel Manager, Politiker, Wissenschaftler – eigentlich kennen lernen. Immerhin gehören viele von ihnen zu den am besten abgeschirmten Personen der Welt.

Nun, da gibt es übers Jahr verteilt jede Menge Konferenzen, Tagungen, Bälle, Wohltätigkeitsveranstaltungen. Gute Gelegenheiten, um Kontakte zu machen, um ein paar Worte miteinander zu wechseln und sich so erste Eindrücke von den neuen Gesprächspartnern zu verschaffen, die man vielleicht immer mal gerne treffen wollte.

Und so gibt es beispielsweise alljährlich ein großes Wirtschaftstreffen in Davos in den Schweizer Alpen: das World Economic Forum (WEF). Mehr als 2000 Wirtschaftsbosse, Politiker, Wissenschaftler finden sich dort jedes Jahr ein. Sechs Tage lang ist dieses Städtchen so etwas wie ein Beziehungs-Basislager. Es werden dort keine Verträge verhandelt, aber mit Sicherheit vorbereitet. Und vor allem werden jede Menge erstklassiger Kontakte und Beziehungen geknüpft.

Jürgen Schrempp sagt ganz offen seine Meinung über

diese Veranstaltung. Dieser „Weltwirtschaftsgipfel" sei ideal dazu geeignet, Gespräche zu führen und das Netzwerk der eigenen Kontakte zu erweitern; ohne eine solches Netz könne kein Unternehmen erfolgreich geführt werden.

Wenn man die Namen der Teilnehmer hört, wird sofort verständlich, was er meint. Da kommen Menschen zusammen wie der Multiunternehmer und Microsoft-Chef Bill Gates, die DaimlerChrysler-Vorstände Jürgen Schrempp und Robert J. Eaton. Gerhard Schröder hatte in Davos seinen Auftritt genauso wie der Vorstandssprecher der Deutschen Bank, Rolf Ernst Breuer, Siemens-Chef Heinrich von Pierer sowie Bundespräsident Roman Herzog. Die Mächtigen und Wichtigen kommen aus allen Kontinenten angereist. Al Gore, der Vizepräsident der Vereinigten Staaten, war genauso anwesend wie der UN-Generalsekretär Kofi Annan oder der Palästinenserführer Jassir Arafat. Und sie alle kommen nicht nur zum Skilaufen nach Davos...

Der Gründer dieses Mega-Network-Veranstaltung ist Klaus Schwab. Eine Investorengruppe – so ging das Gerücht – wollte ihm die ganze Veranstaltung abkaufen. Warum wohl? Jeder der 2000 Teilnehmer zahlt für die sechs Tage einen Beitrag von 20000 Mark. Und spätestens jetzt wird deutlich, dass Beziehungsmanagement unmittelbar ein äußerst lohnendes Geschäft sein kann.

Der Focus Night Cup

Eine feste Einrichtung im Rahmen des Treffens in Davos, wo Kontakte geknüpft werden, ist der „Focus Night Cup". Die Gastgeber sind Dr. Hubert Burda, Chef des Burda-Konzerns, und Focus-Chefredakteur Helmut Markwort. Beide laden zu diesem Cup über 200 internationale VIPs aus Wirtschaft, Politik und Kultur ein, die aus den Davos-Teilnehmern ausgewählt werden. Auf der Gästeliste stehen Namen wie der vom Ex-Daimler-Benz-Chef Helmut Werner oder vom früheren VW-Chef Carl Hahn (jetzt TRW Inc. USA). Michael Dell, Chef von Dell Computer/USA, reist zum Cup nach München. VW-Vorstandschef Ferdinand Piech kommt ebenfalls, und auch Bertelsmann-Vorstand Mark Wössner ist dabei. Die Liste lässt sich beliebig weiterführen.

Das Nachrichtenmagazin Focus

Das hatte es zuvor in Deutschland noch nicht gegeben. Der Aufbau eines neues Nachrichtenmagazins, Focus, gerät zum Beziehungsmanagement par exellence. Warum? Focus ist mittlerweile das erfolgreichste Magazin in Deutschland, weil ein einziger Mann, Helmut Markwort, vor allem mit Hilfe seiner über viele Jahrzehnte gewachsenen Beziehungen es geschafft hat, die richtigen Menschen zusammenzubringen.

Als Helmut Markwort damit begann, Focus aufzubauen, gab es nur eine Idee und das Kapital von Hubert Burda. Die gesamte Fachpresse, die Medien, die Insider – niemand räumte diesem Unternehmen eine Chance ein. Es galt als undenkbar, das Nachrichtenmagazin-Monopol des Hamburger „Spiegel" zu knacken. Hubert Burda und Helmut Markwort blieb keine Wahl: Sie handelten nach dem Motto: „Wir haben keine Chance, also nutzen wir sie".

Der Focus-Chef aktivierte während der Aufbauphase seine sämtlichen Kontakte aus seiner langen Journalistenzeit und stellte das Focus-Team mit über 150 Personen zusammen. Viele Redakteure gaben gute Jobs, sichere Positionen und hohe Gehälter auf, um bei Focus einzusteigen.

All dies war nur möglich, weil viele Beziehungen über Jahrzehnte aufgebaut und gepflegt worden waren. Und damit ist keineswegs jetzt Schluss. Helmut Markwort ist sehr erfolgreich und arbeitet weiter an guten und interessanten Netzwerken. Er ist in Davos anzutreffen. Und selbstverständlich ist er auch jedes Jahr bei der berühmten

„Bambi-Verleihung" des Hauses Burda. Prominente aus dem Kunstbereich, aus Film und Fernsehen, aus Politik und Wirtschaft kommen dort jedes Jahr zusammen, um der Verleihung der durch Publikumsbefragung ermittelten Filmpreise beizuwohnen. Auch dies ist ein Marktplatz der Beziehungen und der Kommunikation – es gibt ihn übrigens bereits seit 1948.

Der Export-Club-Bayern

Ein weiteres ineressantes Beispiel für Beziehungsbrokertum gibt es in Bayern. In München existiert der „Export-Club-Bayern", ein Zusammenschluss exportorientierter Unternehmen. Dieser Club wurde 1952 gegründet und zählt heute mehr als 600 Mitglieder. Wer neu aufgenommen werden möchte, braucht dazu die Empfehlung eines festen Mitglieds – ansonsten bleiben die Türen verschlossen.

Alle Mitglieder haben eines gemein: Sie möchten zusammen Geschäfte betreiben. Alle Unternehmen sind im Export tätig. Jedes verfügt über große Adressen-/Kontaktdateien. Und so können sich die Exportler gegenseitig unterstützen, mit Ideen und Manpower, mit Kontakten und Vereinbarungen.

Im Export-Club-Bayern steht auch einmal jährlich ein großer Ball auf dem Programm. An jenem Abend werden – unter großem Beifall der Ballgäste – die besten Jugendlichen in bestimmten Berufen ausgezeichnet. Es ist leicht vorstellbar, dass diese jungen Leute keine Probleme haben werden, einen interessanten Arbeitsplatz zu finden. Über 600 Unternehmer stehen bereit, um sich auf diese Weise einen Teil ihres Nachwuchses auszusuchen. – Beziehungsmanagement at its best!

Solche und ähnliche Clubs und Vereinigungen gibt es in vielen Städten. Ich erinnere an die Tradition der Studentenverbindungen, insbesondere an die sich heute kaum noch schlagenden Verbindungen. Da werden Freundschaften während der Studienzeit geschlossen, über Jahrzehnte gepflegt und teilweise von einer Generation zur nächsten weitergegeben.

Und auch in den alten Hansestädten existieren jede Menge mehr oder weniger bekannter Zusammenschlüsse von Unternehmern. Viele von ihnen blicken auf eine lange (Hanse-)Tradition zurück. Und es gibt durchaus aktuelle Beispiele von jungen Unternehmen, die durch Beziehungsmanagement in kurzer Zeit groß geworden sind.

Die Rothmann & Cie AG

Dieses Unternehmen ist in Hamburg zu Hause. Die Rothmann & Cie. AG hat es geschafft, in nur drei Jahren ihren Umsatz zu verzehnfachen und Marktführer in dem Segment der Mehrprodukt-Leasingfonds zu werden.

In dieses Unternehmen bin ich als Vorstandsmitglied eingebunden, kenne es daher gut und möchte ein paar Einzelheiten des von uns praktizierten Beziehungsmanagements erläutern. Sie werden sehen, dass dieses Konzept – konsequent durchgeführt – für jedes andere Unternehmen umsetzbar ist.

Die Rothmann & Cie. AG konzipiert und emittiert Leasingfonds. Vertrieben werden diese Produkte, die es in dieser Form bislang nicht auf dem Markt gab, über handverlesene Verkaufsorganisationen mit jeweils 15 bis 300 hauptberuflichen Mitarbeitern. Dies ist auch die Zielgruppe, dies sind die direkten Kunden des Unternehmens. In einer weiteren Stufe finden sich dann die Anleger, die sowohl von unserem Unternehmen unmittelbar betreut als auch von den Mitarbeitern der Verkaufsorganisationen umsorgt und in allen Finanzfragen neutral beraten werden.

Unser Unternehmen bewegt sich in einem Marktsegment, in dem Banken und Versicherungsgruppen sehr stark vertreten sind. Die Verkaufsorganisationen haben – neben dem Rothmann-Produkt – deren Angebote im Portfolio. Und dies sind sehr viele Produkte; die Verkäufer werden von zahlreichen Banken, Versicherungen und Investmenthäusern rundum ausgestattet. Weiterhin bekommen sie zusätzliches Geld, um aufwendige Incentives, Ausbildungsprojekte oder auch die Eröffnung von Zweigstellen zu finanzieren.

Für die Rothmann & Cie. AG, ein von den beiden Vorständen Hans O. Mahn und Rüdiger Wolff finanziertes Unternehmen, war es schlicht nicht möglich, das Geld in dem nötigen gewaltigen Umfang aufzutreiben, um auf dieser Ebene mit den anderen Anbietern konkurrieren zu können. Aber wir wollten nicht aufgeben, denn uns wurde von allen Seiten – vor allen Dingen von den Verkaufsorganisationen selber – immer wieder bestätigt, dass unser Produkt Leas-Fonds 2000 außergewöhnlich gut sei.

Den Erfolg der Vertriebspartner steigern

Nun kenne ich die Branche aus 20 Jahren Erfahrung. Ich wusste, dass außer dem Kapital noch andere Faktoren für den Erfolg eines Unternehmens wichtig sind. Wir mussten ganz neue Wege gehen: Die Kernüberlegung war, gemeinsam mit einem Vertriebspartner daran zu arbeiten, dessen Erfolg zu steigern. Wir mussten uns fragen, was wir tun können, um unsere Vertriebspartner erfolgreicher zu machen.

Dazu suchten wir die wichtigsten Kittelbrennfaktoren (KBF) heraus – also diejenigen Faktoren, die den Partnern am meisten geschäftliche Schwierigkeiten bereiten. Nach kurzer, intensiver Analyse schafften wir praktikable Lösungen. Es war jedes Mal ein dicker Katalog von schnell umsetzbaren Möglichkeiten zur Erfolgssteigerung, den wir unseren Partnern individuell zugeschnitten anboten.

Ein zentraler Punkt dabei war die Tatsache, dass alle unsere Leistungen …

1. nichts direkt mit dem Produkt zu tun hatten, das wir verkauften, und
2. für unsere Partner kostenlos sind. Wir gingen – und gehen immer noch – bei diesen Aktionen also in Vorleistung, ohne die Vergabe unseres Know-hows an Umsatzvorgaben zu hängen.

Unser Ziel war und ist nach wie vor, für unsere Kunden so interessant zu werden, dass sie nicht mehr auf uns verzichten möchten.

Aber selbstverständlich haben wir auch ein Produkt zu verkaufen – und zwar eines, von dem wir selbst hundertprozentig überzeugt sind und das sowohl unsere Kunden als auch Anleger weiterverkaufen bzw. erwerben möchten. Wie sollte das gelingen auf einem so heiß umkämpften Markt wie dem der Kapitalanlagen?!

Unsere Philosophie ist so einfach wie erfolgreich. Wenn der Umsatz unseres Partners bei vorgestellten 100 Prozent liegt, haben wir einen Anteil von beispielsweise 20 Prozent. Möchten wir nun unseren Anteil ausbauen, gibt es zwei Möglichkeiten: Entweder wir versuchen, beim Kunden andere Anbieter aus dem Markt zu drängen. Dieses ist der alte und nicht sehr partnerschaftliche Weg – ob er langfristig erfolgreich ist, bezweifle ich nach den vielen Jahren meiner Markterfahrung. Oder aber wir beschreiten einen neuen, eigenen Pfad – hier ist er. Unser Ziel ist, den geschäftlichen Gesamterfolg eines Kunden auf 200 Prozent zu steigern und unseren Anteil daran bei 20 Prozent zu belassen.

Das Schlüsselwort lautet „Vertrauen"

Diese Strategie klingt schlüssig. Der Knackpunkt daran ist, dass auf beiden Seiten Vertrauen vorhanden sein muss. Und schließlich war diese Vorgehensweise für unsere Partner vollkommen neu, sodass sie zwangsläufig zunächst zurückhaltend reagierten.

Wir durchliefen – grob gesagt – in der Zusammenarbeit mit jedem neuen Vertriebspartner drei Phasen:

1. Herablassung: „Wie können die so dumm sein, für uns etwas zu tun und nichts dafür zu erwarten."
2. Misstrauen: „Die sind sehr clever. Die haben etwas vor, was wir nicht verstehen."
3. Respekt: „Die meinen und tun tatsächlich das, was sie sagen: Die machen uns erfolgreich."

Diese letzte Phase setzte erst nach einiger Zeit der praktischen Arbeit miteinander und der Umsetzung unserer Philosophie ein, für die andere Seite tatsächlich eine Menge Dinge unentgeltlich zu tun. Wir wussten, dass Vertrauen nicht wachsen kann, indem man ununterbrochen darüber redet – es müssen entsprechende Taten folgen. Und dann dauerte gar nicht lange, bis sich ein entsprechendes Vertrauensverhältnis aufbaute.

Für die Rothmann & Cie. AG war ein Teil Unwägbarkeit im Spiel. Es hätte auch sein können, dass jemand alle Leistungen in Anspruch nimmt und uns außen vor lässt. Aber Sie wissen ja: „Vertrauen ist der Anfang von allem." Letztlich behielten wir mit unserer Haltung also Recht.

Das Rothmann Partnersystem und die Coaches

Wir nannten den Blumenstrauß von freiwilligen Leistungen „Rothmann Partnersystem". Dieses Leistungspaket wird permanent erweitert und individualisiert, weil die Bedürfnisse sich permanent ändern.

Ein Teil dieses Partnersystems führe ich genauer aus. Es ist entscheidend für den Erfolg und die langfristige Umsetzung unseres Beziehungsmanagements.

Das System unserer Leistungen, die Zahl unserer Vertriebspartner – wir bekamen sie übrigens fast ausschließlich auf Grund persönlicher Netzwerkkontakte und durch Empfehlungen – stieg in kurzer Zeit stark an. Und schon bald war es mir nicht mehr möglich, den gesamten Unternehmensbereich des Vertriebs alleine abzuwickeln.

Daher gründeten wir eine sogenannte Coaching-Abteilung. Dieser neue Teil des Partnersystems hat die Aufgabe, die Betreuung und die praktische Umsetzung von Erfolgssteigerungsprogrammen in den Unternehmen unserer Partner zu unterstützen bzw. komplett zu organisieren.

Für diese Aufgabe bedarf es besonders erfahrener und geschulter Mitarbeiter. Jeder von ihnen muss den partnerschaftlichen Gedanken nicht nur in sich tragen, sondern ihn jeden Tag leben. Er muss Partnerschaft wollen – und das kann logischerweise nicht aufhören, wenn er nach der Arbeit nach Hause kommt und sein Jackett auszieht. Weiterhin muss jeder Coach die Branche gut kennen. Er muss in der Lage sein, neue Konzepte mit unseren Kunden feinfühlig und doch präzise in die Tat umzusetzen, ohne die Autorität des jeweiligen Unternehmers zu untergraben. (Siehe auch Kapitel „Wie bauen Sie Partnersysteme auf?".)

Ich kann Ihnen versichern: Dieser Teil des Rothmann Partnersystems ist eines der besten Konzepte, die im Vertriebswesen jemals durchgeführt wurden. Es ist ein großer Erfolg für uns alle. Es ist Beziehungsmanagement pur.

Coachen Sie Ihre Kunden

Haben Sie schon mal darüber nachgedacht, einen Ihrer Kunden zu coachen? Ihren Kunden besser zu machen, als er von sich aus dazu in der Lage wäre?

Der Erfolg des Rothmann Coaching-Programms lässt sich in Zahlen belegen. Wir konnten dadurch den Umsatz unserer Kunden von Fall zu Fall zwischen 60 Prozent und 300 Prozent steigern – und zwar über alle von diesen Unternehmen verkauften Produkte. Unser eigener Umsatz hat sich seit Beginn dieser Maßnahmen mehr als verzehnfacht.

Jetzt höre ich Sie sagen: Ja, das klingt ja ganz gut, das mag ja in der Finanzdienstleistungsbranche funktionieren – aber überall klappt das nicht, und speziell in meiner Branche ist das besonders schwierig.

Ich darf Ihnen versprechen, es ist in jeder Branche möglich. Die einzige Voraussetzung dafür ist: Man muss es tatsächlich wollen und dann auch machen.

Das Beispiel Bode Optik

Dazu ein Beispiel, das wenige Monate alt ist. Friedrich Baur, einer unserer Coaches, testete das Partnersystem in der Optikbranche. Er entwickelte mit der Firma Bode Optik ein Partnerkonzept und betreute die Umsetzung in die Praxis. Das Ergebnis: Bode Optik verzehnfachte in wenigen Wochen seinen Umsatz.

Bis zu jenem Zeitpunkt hatte das Unternehmen, das auf Kinderbrillen spezialisiert war, höchstens darüber nachgedacht, wie man die Brillen an den Optiker verkaufen kann. Nach dem Coaching ging es einen ganzen Schritt weiter: Es wurde daran gearbeitet, wie ein Optiker den Verkauf seiner Brillen an den Endkunden verbessern kann. Und das Ergebnis schlug sich sofort in Mark und Pfennig nieder.

Ein Tipp: Denken Sie doch einmal darüber nach, wie Sie zusammen mit Ihren Kunden Geschäftsentwicklungsprogramme erarbeiten könnten. Gemeinsam zum Erfolg heißt die Devise!

Das Beispiel Bodo Schäfer

Einer der gefragtesten Vortragsredner und Buchautoren in Deutschland ist ein sehr geschätzter Kollege von mir: Bodo Schäfer. Die Öffentlichkeit erkor ihn zum Money-Coach Nr. 1 in Europa. Denn Bodo Schäfer räumt mit alten Vorstellungen auf und sagt den Menschen beispielsweise, dass sie ein Recht darauf haben, reich zu werden. Sie bekommen klare Wege aufgezeigt, wie sie ein Vermögen erwerben und ansparen können. Der Traum, ein Millionär zu sein, rückt damit in erreichbare Nähe.

Eine der zentralen Botschaften Bodo Schäfers ist in diesem Zusammenhang die folgende: „Such' dir einen eigenen Coach." Er fordert die Menschen auf, sich mit einem oder mehreren kompetenten und vertrauenswürdigen Beratern zu umgeben, damit diese einem nicht nur in finanziellen Dingen helfen, sondern ihn auch dabei unterstützen, Beziehungsnetzwerke aufzubauen.

Wir können nicht alles alleine wissen – wir können nicht alles alleine können. Insbesondere diejenigen von uns, die viel arbeiten (müssen), die im Job schwer eingespannt sind, benötigen Coaches, die einen Teil der Aufgaben erledigen. Und eine der zentralen Aufgaben ist der Aufbau von Netzwerken. Coaches, Berater, enge Vertraute, persönliche Assistenten – ganz gleich, wie Sie Ihre Helfer nennen: Diese Menschen unterstützen Sie dabei, Ihre Beziehungen aufzubauen und lebendig zu halten.

Das Beispiel Michael Turgut

Michael Turgut, ein Freund von mir, ist ein Erfolgsmensch. Er gründete mit Geschäftspartnern 1991 ein Unternehmen, dessen Zahlen sich seitdem ständig nach oben bewegen. In wenigen Jahren wurde ein Umsatz von einer Milliarde Mark erzielt, der Umsatz in diesem Jahr liegt bei rund fünf Milliarden Mark. Dieser Erfolg wurde einzig und allein möglich, weil Michael Turgut Beziehungsnetzwerke aufgebaut hat, mit und innerhalb von denen er arbeitet. Er sagt über seine Philosophie: „Nutzen bringen. Menschen helfen. Klienten und eigene Geschäftspartner erfolgreich machen."

Das Beispiel Re/Max

Ein weiteres interessantes Beispiel für Beziehungsnetzwerke im internationalen Rahmen ist das Unternehmen Re/Max aus den USA, die erfolgreichste Immobilienmaklerfirma weltweit. Bei Re/Max ist Beziehungsmanagement täglich gelebte Realität. Dieses Unternehmen wächst einzig und allein, indem es den Netzwerkgedanken konsequent in die Praxis umsetzt. In Re/Max sind über 53 000 Immobilienmakler in über 30 Ländern zusammengeschlossen. Alle zusammen tätigen pro Jahr über 1,5 Millionen Immobilienverkäufe. Das durchschnittliche Pro-Kopf-Jahreseinkommen liegt bei jedem Mitarbeiter bei 107 000 Dollar.

Dieses Unternehmen nutzt die Beziehungen seines gesamten weltweiten Kundenkreises. Alle Mitarbeiter sind über die modernen Kommunikationsmittel wie Internet oder Business-TV miteinander verbunden. Die Firma hat ein eigenes Telefonbuch, das dicker ist als das vieler Städte.

Diskret und verantwortungsvoll werden Daten von Interessenten gespeichert, die irgendwo ein Haus oder eine Wohnung verkaufen und anderswo eine Immobilie kaufen möchten. Diese Kontakte werden innerhalb der Gruppe weitergereicht, damit Kunden optimal beraten und individuell betreut werden können.

Die professionelle Qualität der Makler wird durch ein weltweites Ausbildungskonzept sichergestellt. Dieses Ausbildungskonzept wurde maßgeblich von Gil Ostrander, einem Freund von mir, entwickelt und mit dem Unternehmen Business Education International (BEI) umgesetzt. Gil Ostrander ist Gründer und Managing Director von Business Educational International, Inc., einer in Europa angesiedelten Vertriebs-, Trainings-, Service- und Managementunterstützungsfirma.

Das traditionelle „militärische" Ausbildungsmodell in Unternehmen

In der traditionellen Ausbildung – Erwachsenenbildung – entwirft das obere Management Strategien, die zu Produkten, Dienstleistungen, Maketingplänen und Vertriebssystemen führen. Anschließend werden diese Gedanken und Pläne dem mittleren Management vermittelt, mit dem Auftrag, diese gesamte Unternehmensstrategie in die Praxis umzusetzen. Das mittlere Management wird dann für die Ausbildung verantwortlich gemacht. Es steht weiterhin gerade für die Motivation, die Qualitätskontrolle sowie die Betriebserlöse der Dienstleistungsanbieter auf dem Markt.

Dieses „militärische" Ausbildungsmodell im Stile des 18. Jahrhunderts funktioniert nur auf einem Markt ohne Wettbewerbsdruck. Auf jenem Markt gibt es konsequenterweise kaum Kundenservice und viel schlecht ausgebildetes Personal. Diejenigen, die darunter zu leiden haben, sind übrigens die Endverbraucher.

Die Personen mit der besten Ausbildung und Bildung, mit den meisten Kenntnissen und Erfahrungen befinden sich am weitesten vom Endkunden entfernt.

Das BEI-Networking-Modell

Ganz anders im Networking-Modell der BEI. Die einzelnen Firmen arbeiten mit Spezialisten aus der Erwachsenenbildung zusammen, um Informationen aus der obersten Managementetage in alle Ebenen der Organisation, in alle Länder und alle Kulturen zu transportieren. Die Ausbildungsspezialisten trainieren die Manager an der Marktfront, um die zuarbeitenden Serviceanbieter zu unterstützen. Diese werden unmittelbar und individuell ausgebildet, damit sie Produkte und Service entsprechend den Strategien und der Absatzpolitik des obersten Managements auf dem Markt platzieren.

Das bedeutet: BEI installiert über eine Reihe von Jahren ein Kommunikations- und Ausbildungssystem, bei dem die Strukturen des „Haupt"-Unternehmens mit allen Serviceanbietern und Zulieferern vernetzt werden. BEI bildet die Zulieferer und Serviceanbieter aus und installiert Stück für Stück ein Netzwerk, damit alle Handelnden optimal zusammenarbeiten können.

Im traditionellen Ausbildungssystem wäre dieses individuelle Networking viel zu teuer, weil alle Strukturen zentralisiert sind und alles von einer Stelle aus gesteuert werden muss. Im Netzwerkmodell von BEI sind die Strukturen dezentral. Damit werden die Kosten zum Nutznießer der Ausbildung verschoben, zum Serviceanbieter hin, dessen Karriere und persönlicher Erfolg unmittelbar vom guten oder schlechten Kundenservice abhängt.

Netzwerk-Denken: das „sokratisch-synergistische Verkaufen"

Ein weiteres Beispiel für das Arbeiten mit Netzwerken von BEI sind die fortschrittlichen Vertriebstrainingsprogramme, die das Unternehmen seinen Serviceanbietern zukommen lässt. BEI nennt das „sokratisch-synergistisches Verkaufen". In der folgenden Gegenüberstellung wird der große Sprung deutlich, der den Ansatz von BEI kennzeichnet: vom traditionellen Verkaufsmodell zum neuen, auf Netzwerken basierenden Synergiemodell.

Im traditionellen Verkaufsmodell sucht das Unternehmen mögliche Käufer. Beim Networking von BEI werden Beziehungen zu Kunden aufgebaut – und zwar zu bestehenden genauso wie zu möglichen neuen Kunden. Man versucht, so viel wie möglich über die Kunden zu erfahren – Bedürfnisse, Wünsche, Pläne, Sorgen –, um in Beziehung zu ihnen treten zu können.

Traditionell qualifiziert sich ein Unternehmen mit seinen Produkten derart, dass Kunden die Waren kaufen möchten. Im BEI-Ansatz wird die hohe Qualität des Produkts ohnehin vorausgesetzt. Man kümmert sich ausschließlich um Kundenbeziehungen.

Traditionell beschäftigt sich ein Unternehmen mit der Präsentation seiner Produkte und Service(dienst-)leistungen. Bei BEI geht es darum, Haken und Hindernisse zu finden, Probleme aufzudecken und diese dann so direkt wie möglich zu lösen. Der Gedanke der eigenen permanenten Verbesserung steht dabei im Vordergrund. Nochmals: Die hohe Qualität von Produkten wird vorausgesetzt bzw. permanent optimiert.

Gibt es bei der traditionellen Denkweise in einem Unternehmen Abwicklungsprobleme, die nur in seltenen Fällen schnell beseitigt werden, geht es bei BEI an oberster Stelle darum, Hindernisse, Missverständnisse, falsche Kommunikationswege zu erkennen und zu beseitigen bzw. zu verbessern. Das Denken in Kategorien wie „Dies ist meine Abteilung, die niemals Fehler macht" oder „Die anderen machen Fehler, wir nie" findet keinen Platz mehr. Wenn ein Beziehungsnetzwerk funktionsfähig arbeiten soll, sind eifersüchtelnde Einzelinteressen fehl am Platze.

Und schließlich feiert der traditionelle Ansatz den Abschluss eines Verkaufs. Im BEI-Denken gilt es als Erfolg, wenn das Verhältnis zum Kunden gefestigt ist. Grob gesagt: Das Verkaufen ist in der Beziehungskette ein fast selbstverständliches – natürlich nicht unwillkommenes! – Nebenprodukt.

Die traditionelle Denkweise konzentriert sich auf Produkte, der Networking-Ansatz auf Menschen

Es wird deutlich, dass es zwischen beiden Denk- und Handlungsansätzen einen feinen, aber deutlichen grundsätzlichen Unterschied gibt: Die traditionelle Denkweise richtet ihren Fokus auf Produkte, die BEI-Netzwerkphilosophie auf Menschen. Während das herkömmliche unternehmerische Denken in seinen Problemen stecken bleibt, konzentriert sich die BEI auf Lösungen. Die Dualität von Gewinnen-Verlieren wird aufgehoben zugunsten von Gewinnen-Gewinnen. Kurzfristiges Denken ist die Grundlage der Tradition, langfristiges Planen und Handeln die Basis des Networking von BEI.

Der „Breakfast Club"

Es ist nur logisch, dass die gesamte BEI-Geschäftsstruktur auf dem sokratisch-synergistischen Verkaufsmodell beruht. Ein weiteres unternehmensinternes Beispiel dafür ist der so

genannte Frühstücksclub, der „Breakfast Club". Gil Ostrander entwickelte zusammen mit seinen nationalen Ausbildungsdirektoren und lokalen Trainern dieses Kundenservice-Unterstützungssystem. Es ermöglicht ihnen, auf der Basis von Netzwerkarbeit künftige Kunden zu gewinnen.

Nach den Vorgaben Ostranders bauten die Topmanager von großen internationalen und nationalen Unternehmen ein enges geschäftliches Verhältnis zueinander auf. Nach und nach festigten sie ihre Beziehungen.

So verkaufen Hersteller von Flugzeugen ihre Maschinen nicht einfach an Betreiber von Fluglinien. Weit im Vorfeld eines Verkaufs setzt sich der Chef der Herstellerfirma mit dem Chef der Fluglinie zusammen, um über dessen Pläne, Bedürfnisse und Notwendigkeiten zu sprechen. Anschließend trifft sich das Personal des Herstellers mit den Leuten der Fluglinie, um von ihnen zu erfahren, was sie speziell von diesem Flugzeug erwarten. Gemeinsam einigt man sich entweder auf Lösungen von der Stange oder auf kundenangepasste, individuelle Varianten. Auch die Konstruktion des Flugzeugs wird in diesen Prozess einbezogen.

Der „Breakfast Club" bietet seinen Mitgliedern Gesprächs- und Abstimmungmöglichkeiten, die nach demselben Prinzip funktionieren.

Die Frühstückstreffen – Networking der Unternehmenschefs

Jeden Monat findet am selben Wochentag zwischen 8 Uhr und 9.30 Uhr in einem lokalen First-Class-Hotel ein Frühstückstreffen statt. Topmanager, Serviceanbieter und andere

Unternehmenschefs, die den Club unterstützen, treffen sich zwanglos. Der Club bietet den formalen Rahmen, unmittelbar Informationen auszutauschen, Wünsche zu formulieren, Probleme zu benennen und Lösungen zu vereinbaren. Es gibt jeweils eine Präsentation über ein Managementthema, es folgen Fragen und Antworten dazu, die Vorstellung neuer Dienstleistungen, Besprechungen neuer Firmenpublikationen. Und – das ist das Wichtigste – es gibt die Möglichkeit für jeden, mit jeder anwesenden Person am Tisch und im Raum Kontakt aufzunehmen. Das ist die perfekte Umsetzung der Networking-Idee.

Zwei Wochen nach jedem Treffen erscheint eine Veröffentlichung mit den interessantesten Fragen und Antworten von Führungskräften aus ganz Europa.

Selbstverständlich haben die Mitglieder des Frühstücksclubs die Möglichkeit, als Gastredner in anderen Städten und Ländern aufzutreten. Sie können auch andere „Breakfast Club"-Treffen besuchen, wenn sie beispielsweise auf Geschäftsreise sind und das Treffen zufällig an jenem bestimmten Tag in der jeweiligen Stadt stattfindet.

Die Freude über den Club

Die Unternehmer sind begeistert vom Club. Ich unterhielt mich mit einigen von ihnen und fragte Gil Ostrander. Hier einige Zitate.

Felix de Witt, Master-Franchise-Besitzer von Re/Max in den Niederlanden, sagt: „Hier handelt es sich um die effizienteste und kosteneffektivste Möglichkeit, mit den führenden Personen auf meinem Markt in Kontakt zu bleiben. Ich brauche nur zu erscheinen, alles andere ist bereits für mich organisiert."

Albert Elhadaf, Inhaber von Mail Boxes Etc., ein israelisches Unternehmen, meint: „Selbst wenn ich nicht die Zeit habe, alle neuen Business-Veröffentlichungen zu lesen, so werde ich hier jedoch mit aktuellen Managementbelangen und -unterlagen durch die nationalen und internationalen Sprecher sowie die Buchbesprechungen konfrontiert."

„Die Networking-Möglichkeit und die Fähigkeit, zusätzlich zu meinen eigenen persönlichen Kontakten stabile Beziehungen herzustellen, sind sehr bedeutend für meine Managementfähigkeiten und für mein Geschäft", lobt Babas Asderis den Club. Er ist Besitzer von Maxima Travel Enterprises mit Sitz in Athen.

Sie sehen, dass in vielen Unternehmen auf vielen verschiedenen Ebenen die Prinzipien von Beziehungsmanagement praktiziert werden. Je mehr Kontakte gepflegt werden, umso besser.

Ich könnte Ihnen noch viele weitere Beispiele liefern. Doch ich glaube, es kommt auf das Verständnis der zugrunde liegenden Idee an. Und die ist deutlich geworden.

Beziehungsbroker par excellence: Helmut Becker

Eine Lehrstunde in Sachen Beziehungsmanagement erlebte ich in Düsseldorf. Ich hatte mich mit Helmut Becker, dem berühmten Chef von Auto Becker, zum Interview verabredet. Ein Blick ins Internet zeigte mir, dass seine Firma das „interessanteste Autohaus der Welt" ist. Ich traf einen strahlenden, aufgeschlossenen Mann, der sich als echter Beziehungsbroker entpuppte. Sein Büro ist direkt neben dem Tor des Unternehmens – es ist das Pförtnerhäuschen. Warum? „Weil ich so jeden, der herein- und hinausgeht, sehen kann und jeder mich sieht." Und im Büro, das für ein Chefbüro sehr klein ist und nur etwa zwei mal drei Meter misst, ist das Wichtigste der Schreibtisch: ein Ferrari-Motor, auf dem eine Glasplatte liegt. Gegen Ende des Gesprächs fragte mich Helmut Becker, was ich eigentlich am Abend unternehmen würde. Ich dachte, dass nun eine weitere Verabredung in Düsseldorf auf mich zukäme, und sagte wahrheitsgemäß: „Ich muss nach München zurückfliegen."

„Sie verstehen mich nicht", antwortete er. „Was haben Sie heute abend vor?" Ich war verblüfft wegen der Wiederholung der Frage. Mein Gegenüber grinste und fragte: „Hätten Sie Lust, heute Abend im Deutschen Theater in München Sophia Loren kennen zu lernen und dabei die Premiere des Musicals ‚Grease' zu erleben?"

Und wie ich Lust hatte!

„Schauen Sie", sagte Helmut Becker, „ich habe eine Einladung dorthin, kann sie aber nicht annehmen. Daher wäre ich Ihnen dankbar, wenn Sie mich vertreten könnten. Würden Sie das machen?"

Selbstverständlich sagte ich zu. Wenige Stunden später erlebte ich ein rauschendes Fest im Deutschen Theater, war Zeuge davon, wie pünktlich in der Pause ein riesiger Blumenstrauß von Helmut Becker der Gastgeberin Sophia Loren übergeben wurde. Ich stand wenige Zentimeter von ihr entfernt und sah, wie sie strahlte und sich freute.

Am nächsten Morgen klingelte bei mir das Telefon. Helmut Becker fragte mich, wie das Fest war, ob alles gut verlaufen sei. Ja, klar – alles in Ordnung. Helmut Becker freute sich und sagte, dass er jetzt Sophia Loren zu sich nach Düsseldorf einladen werde.

Nach diesem Erlebnis wunderte ich mich nicht mehr darüber, dass Auto Becker in ganz Europa ein Begriff geworden ist.

Hier ist das Interview mit Helmut Becker:

AJK: Sehr geehrter Herr Becker, welches sind für Sie die ersten Schritte, wenn Sie eine Beziehung zu jemandem aufbauen?

Becker: Ja, wenn man Beziehungen herstellen will, etwa zu den Unternehmen Ferrari oder Bentley oder zu Prominenten wie Günther Netzer und anderen bekannten Persönlichkeiten, muss man sich sehr gut vorbereiten. Man muss im Vorfeld schon abklopfen, was für eine Person der andere ist, was er erwartet, welche Interessen er hat. Je wichtiger die Persönlichkeit ist, umso besser muss die Vorbereitung sein. Und dann ist es unumgänglich, im Gespräch eine zwischenmenschliche Beziehung durch das Zuhören herzustellen.

AJK: Warum ist das so entscheidend?

Becker: Jeder Mensch hat eine Aura. Und je wichtiger und andersartiger die Persönlichkeit ist, die einem gegenübersitzt, desto ausgeprägter ist die Aura. Das ist meine Erfahrung. Die Aura, die sich widerspiegelt in den Augen, in der Körpersprache, im Gesichtsausdruck. Man muss sich damit auseinandersetzen. Dann erst kommt es zu einem wirklichen Gespräch, zu einem Kontakt.

AJK: Wie gehen Sie auf Menschen zu?

Becker: Indem ich einfach jeden Menschen, der mir begegnet, als solchen akzeptiere. Wenn Sie heute über die Königsallee in Düsseldorf laufen oder über die Fifth Avenue in New York, dann sind die Menschen praktisch Luft füreinander. Sie sehen durch den anderen hindurch. Ich habe das aber immer anders gemacht: Wenn ich Menschen begegne, versuche ich, Augenkontakt zu bekommen. Dann sieht man plötzlich, dass jeder hinter seiner Einsamkeit ein Individualist ist. Und man sieht auch, dass nicht jeder angesprochen werden will.

AJK: Benötigt man eine Art Handwerkszeug, um Menschen anzusprechen?

Becker: Redegewandtheit hilft, ganz klar. Aber wenn man nicht redegewandt ist, muss man nicht klein beigeben. Man sollte sich nicht sagen: Ich bin nicht zum Verkäufer oder zum Netzwerker geeignet. Sondern man muss sich dann einfach etwas mehr Mühe geben und den Dingen und den anderen Personen aufgeschlossen gegenüberstehen und zuhören. Man darf nicht Interesse heucheln, sondern muss wirklich interessiert sein. Dann offenbart der andere auch ein Stück von sich.

AJK: Vor vielen Jahren, als ich mein erstes Auto kaufte, kannte ich schon Auto Becker. Wie schaffen Sie es, so lange im Publikumsinteresse oben zu bleiben? Wir nennen das übrigens „Spannungsbilanz". Wie also bleiben Sie spannend für Ihre Kunden und Ihre Mitarbeiter?

Becker: Sie sehen beispielsweise, wo ich mein Büro habe – im Pförtnerhäuschen. Ich habe 250 Mitarbeiter. Und ich sitze da, wo in einem normalen Unternehmen der Pförtner sitzt. Wenn Kunden mich sehen, aber auch wenn kleine Kinder sich an meinem Fenster die Nase platt drücken, sagen sie: „Guck mal, da ist ja der Ferrari-Motor von Herrn Becker." Und manchmal glauben die gar nicht, dass ich tatsächlich Herr Becker bin. Viele meinen, ich sei der Pförtner. Mit anderen Worten: Ich bin immer präsent, für meine Mitarbeiter, für unsere Kunden. Wir errichten einen großen Spannungsbogen, indem wir uns den Menschen öffnen. Das beginnt beim Tagesgeschäft hier im Büro und reicht bis hin zu den größten Events, die wir veranstalten. Wir hatten zum Beispiel schon auf dem Gelände hier 30 000 Besucher zum Thema Verkehrssicherheit. Heute fasst das Gelände nicht mehr so viele Menschen. Daher gehen wir einmal im Jahr mit einem Thema auf die Königsallee und haben dort bis zu eine Million Menschen. Und auch dort ist das Wichtigste, dass ich selbst durch diese Menschentrauben hindurchgehe, dass ich die Menschen begrüße. Es ist eine Art Wahlkampf: Bitte wählt mich, wenn ihr ein Auto braucht. Kommt zu Auto Becker! Dort gibt es alles – vom Mini bis zum Rolls Royce und Ferrari. Und es gibt noch vieles mehr – zum Beispiel auch den ganz normalen Service.

AJK: Haben Sie eine Prämisse im Umgang mit Ihren Kunden?

Becker: Stellen Sie sich bitte vor, dass ich rund 40 000 Kunden habe. Und sie sind für mich und für uns alle die Nummer eins im Unternehmen. Man muss sich dem Kunden selbst stellen. Man darf nicht den Service-Techniker vorschicken. Ich muss mich hinstellen und für die Dinge, die bei mir geschehen, geradestehen. Bei einem Handwerker ist es dasselbe. Sein gesamter Auftritt ist wichtig. Er muss also auf seine Leute achten, dass sie sich so verhalten, wie er sich nach außen hin darstellen will. Spitz formuliert heißt das: Ich kann nicht nur „Guten Morgen" wünschen, sondern ich muss das Versprechen des „Guten Morgens" auch halten. Das heißt, ich muss dem anderen helfen, dass es ein guter Morgen wird.

AJK: Sie werden permanent von Menschen eingeladen. Wie wählen Sie aus, welche Einladung Sie annehmen?

Becker: Das ist schwierig. Ich habe pro Tag zwischen fünf und zehn Einladungen. Ich kann nicht alle wahrnehmen. Man braucht auch Zeit für sich selbst. Aber wenn ich hingehe, bereite ich mich immer intensiv vor. Und wenn ich nicht zu einer Einladung gehe, sage ich stets ab. Das ist ganz wichtig.

AJK: Welche Fehler darf man bei Beziehungen auf keinen Fall machen?

Becker: Man darf niemals mit der Tür ins Haus fallen. Wenn Sie sich die Deutschen ansehen, haben Sie sowieso das Gefühl, zwei Dritteln geht's extrem schlecht. Und da können Sie nicht den Menschen auf die Schulter klopfen und sagen: „Be happy, my friend!" Sie müssen die Leute individuell ansprechen.

AJK: Eine letzte Frage. Gibt es etwas, das man bei allem Nachdenken übers Geschäft und über Beziehungen nicht vergessen sollte?

Becker: Schön, dass Sie danach fragen. Man traut es sich ja kaum zu sagen, aber über allem, was wir tun, schwebt letzten Endes die Frage nach dem Sinn des Lebens. Die muss man sich stellen und versuchen zu beantworten. Die muss man sich auch immer wieder aufs Neue stellen. Das bedeutet, dass man sich selbst nicht vernachlässigen darf.

---

12 Noch mehr Beziehungsmanagement: die hohe Schule von Boris Becker & Co.

Der Formel-1-Autorennsport, vertreten von Mika Häkkinen, und der Tennissport, vertreten von Boris Becker, haben vordergründig nichts miteinander zu tun. An einer für die Öffentlichkeit zentralen Stelle treffen sie zum Ende dieses Jahrzehnts hin immer wieder auf-  einander: Keinesfalls auf dem Tennisplatz, sondern in einem gemeinsamen Werbespot für die Automarke Mercedes. Beide fahren ein Autorennen, das Häkkinen schließlich gewinnt. Boris Becker steigt lächelnd aus dem Auto und sagt: „Das nächste Mal spielen wir Tennis."

Was steckt – mit Blick aufs Beziehungsmanagement – dahinter? Die Beantwortung dieser Frage ist komplex. Dazu schildere ich Ihnen im Folgenden ein paar Einzelheiten aus der hohen Schule des Beziehungsmanagements.

Boris Becker baut im Anschluss an seine erfolgreiche Tenniskarriere eine zweite Karriere auf. Er ist gut vorbereitet, eine Menge Startkapital bringt er mit. Rund 100 Millionen Mark hat der dreimalige Wimbledonsieger zusammengespielt und gewinnbringend in mecklenburgische Mercedes-Autohäuser, in Immobilien und einem Leimener Altenheim angelegt. Jährlich 2,6 Millionen Mark kassiert er als Teamchef der deutschen Daviscup-Mannschaft, weitere 1,5 Millionen Mark als Chef des Mercedes-Juniorteams. Hinzu kommen hoch dotierte Sponsorenverträge mit der italienischen Sportartikelfirma Lotto, mit dem

Systemlottoanbieter Faber und mit dem Nutella-Hersteller Ferrero, die Becker Jahr für Jahr um weitere elf Millionen Mark reicher machen.

Viel wichtiger als Geld sind jedoch Beckers Kontakte. Wie einst sein inzwischen verstorbener Mentor und Freund Axel Mayer-Wölden hat der Tennisstar ein feines Netz aus Freunden und Förderern gesponnen. Die Beziehungsdrähte reichen vom Medienzar Leo Kirch über den Formel-1-Chef Bernie Ecclestone und den DaimlerChrysler-Chef Jürgen E. Schrempp bis hin zum milliardenschweren saudischen Ölscheich Mansour Ojjeh, zu Franz Beckenbauer und den Entscheidungsgremien des Deutschen Tennis-Bundes (DTB).

Man kennt sich und man hilft sich. Über eine hohe Zahl von Geschäftsbeziehungen sind viele dieser Mitglieder des Netzwerks miteinander verflochten und einander verpflichtet. Ojjeh zum Beispiel, der über die Uhren-, Immobilien- und Elektronikholding TAG-Heuer gebietet, ist Mehrheitseigner des McLaren-Formel-1-Rennstalls. Der wird von DaimlerChrysler-Chef Jürgen Schrempp mit Motoren beliefert. Dann verpflichtete Mansour Ojjeh Tennisstar Boris Becker für edle Werbekampagnen rund um seine Nobeluhren. Jürgen Schrempp wiederum ist der weltweit wichtigste Sponsor im internationalen Tenniszirkus; er fördert den deutschen Nachwuchs über das Mercedes-Junior-Team – dort arbeitet Boris Becker als Teamchef und Werbepartner für die Mercedes-Automobile. Ecclestone wiederum hat die Fernsehrechte seiner Autorennliga an das Abo-Fernsehen DFS des Münchner Filmmoguls Leo Kirch verkauft. Mit Beckers Hilfe will er auch ins Tennisgeschäft einsteigen.

Dies mag genügen, um am Beispiel Becker/Häkkinen die Rolle und die Bedeutung von Beziehungsmanagement zu skizzieren.

Beziehungsmanagement im Motorsport

Ein weiteres erstaunliches Beispiel für Beziehungsmanagement – diesmal aus dem Motorsport – erlebte ich im vergangenen Jahr. Die Mille Miglia ist ein traditionsreiches Autorennen quer durch Italien.  Es wurde bis 1957 als Straßenrennen zwischen Brescia – Rom – Brescia ausgetragen. Der letzte Sieger dieses Rennens über 1 000 Meilen war Sterling Moss im legendären Mercedes-Rennwagen. Viele Jahre lang wurde diese Veranstaltung nicht mehr durchgeführt.

Dann startete die Mille Miglia wieder, sie zählt heute zu den populärsten Oldtimer-Rennen weltweit. An den Start dürfen nur Wagen, die vor 1957 gebaut wurden und in den Starterlisten der früheren Mille Miglia aufgeführt sind. Es versteht sich von selbst, dass diese Oldtimer hoch gehandelt werden und ihr Wert zum Teil viele Millionen Mark zählt. Fast überflüssig zu erwähnen, dass die stolzen Besitzer Prominente oder zumindest interessante Menschen sind. Das Rennen genießt hohe Popularität. Entsprechend viele Menschen aus der ganzen Welt – rund 5000 an der Zahl – wollen jedes Jahr mitfahren, aber nur 350 werden ausgewählt.

Ich habe mich immer gefragt, wie die weltweiten Kontakte zustande kommen. Nach dem Besuch der Mille Miglia wusste ich es.

Aufgrund meiner persönlichen guten Beziehungen lud mich ein Freund ein, als Zuschauer beim Rennen dabei zu sein. Ich hatte das Glück – wiederum machten es Beziehungen möglich –, unmittelbar am Zieleinlauf die tollen Autos und ihre tollkühnen Fahrer aus nächster Nähe beobachten zu können. Außerdem wurde ich zur anschließenden Siegesfeier bei Mercedes eingeladen.

Mein Freund erzählte mir, dass Mercedes jedes Jahr seinen Classic-Car-Bereich nach Italien bringt. Es sind wunderschöne Autos dabei, teilweise sehr seltene und sehr teure Modelle. Dann macht sich die Firma intensiv Gedanken darüber, wer die Wagen steuert. Ausnahmslos sind es bekannte Persönlichkeiten aus der Wirtschaft, dem Showgeschäft oder der Politik.

Die Freizeit-Rennfahrer sitzen dann drei Tage lang nebeneinander im Auto, um dieses Rennen zu fahren – und dabei wird sicherlich insgesamt am wenigsten über Autos gesprochen. Der persönliche enge Kontakt zwischen den Prominenten ist schnell und sehr einfach hergestellt, denn bei diesem Rennen ist jeder mit jedem per „du".

Dieses Beispiel gilt für Mercedes. Sie können sich leicht ausmalen, dass die Beziehungspolitik der anderen Automobilhersteller ähnlich professionell betrieben wird.

Unterm Strich kommen also alleine durch das gemeinsame Erlebnis des Autofahrens der Prominenten jede Menge Kontakte zustande. Jahr für Jahr.

Und auch die große Abschlussparty war hochinteressant. Denn die Namensliste der Gäste las sich wie ein Kurzauszug aus dem Who-is-who?-Buch. Ein paar Beispiele: Erich Sixt war gekommen; er ist einer der größten Kunden von Mercedes. Der amerikanische Rennstallbesitzer und Milliardär Roger Penske besuchte die Party – er ist Generalimporteur von Mercedes in den USA. Selbstverständlich sah man zahlreiche leitende Pressevertreter, unter anderem von den Zeitschriften Focus und Spiegel. Dann gab sich Jochen Mass die Ehre, und auch der Schauspieler Claus Theo Gärtner, bekannt als Detektiv Matula aus „Ein Fall für zwei", feierte mit.

Man begrüßte sich wie alte Bekannte, plauderte, wurde herumgereicht. Bei jedem Gespräch frischten die Gäste alte Kontakte auf oder knüpften neue Beziehungen. Und fast jeder von ihnen nahm ein paar frische Visitenkarten mit von Hand draufgekritzelten privaten Telefonnummern mit nach Hause …

Sie sehen an diesen Beispielen, dass Beziehungsmanagement täglich mehr oder weniger deutlich vor unseren Augen abläuft. Wir können von den Prominenten lernen und die Prinzipien der Kontaktschließung und –pflege auf unsere jeweilige persönliche Situation umsetzen.

Sie fragen sich, wo man die entsprechenden Kontaktbörsen findet bzw. schafft, auf denen man Menschen kennen lernen kann? Lesen Sie dazu das Kapitel „Wo finden Sie geeignete Beziehungen?".

13 Wie bauen Sie Partnersysteme auf?

Wir haben bereits vom Rothmann Partnersystem als einem Beispiel für Kundenbindungssysteme gehört. Es ist ein sehr erfolgreiches Programm zur Festigung der Beziehungen zwischen dem Unternehmen Rothmann & Cie. AG und seinen Vertriebspartnern. Mehr und mehr werden derzeit auch von anderen Unternehmen entsprechende Kundenbindungssysteme entwickelt, die vielleicht im Detail anders arbeiten, die aber ebenso erfolgreich sein können.

Was ist ihnen allen gemein? Alle Partnersysteme haben zum Ziel, die Attraktivität des eigenen Unternehmens, der eigenen Dienstleistungen und der unentgeltlichen Zusatzleistungen für Kunden so interessant zu machen, dass diese Spaß haben, zu ihnen zu kommen. Oder bei ihnen zu bleiben.

Ein Partnersystem ist ein Teil, sozusagen eine Untermenge des Oberbegriffs des Beziehungsmanagements. Wenn Sie sich darüber im Klaren sind, wie wichtig für Ihr Unternehmen der Aufbau eines Kundenbeziehungssystems ist, ist der Schritt zum Partnersystem nur noch ein kleiner.

Die Minimum-Faktoren: herausfinden, was Sache ist

Beim Aufbau eines Partnersystems ist der Grundgedanke wichtig, dass Sie selbst Teil des gesamten Beziehungssystems sind. Zunächst werden Sie herausfinden müssen, was der Partner tatsächlich von Ihnen braucht. Das lässt sich anhand der so genannten Minimum-Faktoren erklären.

Beispielsweise ist eines der wichtigen Ziele von Unternehmen das Wachstum. Jeder Unternehmer wird analysie-

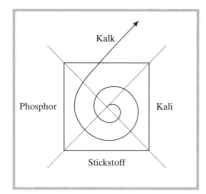

ren müssen, welche Faktoren in seinem Betrieb das Wachstum unterstützen und welche es verhindern. Diese Punkte sind die Minimum-Faktoren. Ein Vergleich mit der Welt der Botanik verdeutlicht das Prinzip. Der Gießener Chemiker und Apotheker Justus von Liebig entdeckte vor 150 Jahren das Geheimnis des Pflanzenwachstums. Die Pflanzen brauchen Stickstoff, Kalk, Phosphor, Kali, Wasser und Licht. Dies sind Minimum-Faktoren des Pflanzenwachstums. Fehlt nun einer dieser Stoffe, stockt das Wachstum, die Pflanze stirbt.

Ähnlich ist es mit Unternehmen. Auch sie brauchen bestimmte Faktoren in einem bestimmten Verhältnis zueinander, um wachsen zu können. Einige dieser Faktoren sind:

● Kunden
● Empfehlungen von Kunden
● Ausbildungssysteme
● bestimmte administrative Abläufe
● innovative Produkte
● Planungs-/Controllingsysteme
● Motivationssysteme

In jedem Unternehmen sind diese Punkte in mehr oder weniger starker Ausprägung vorhanden. Will eine Firma wachsen, müssen alle Faktoren ineinandergreifend arbeiten – doch dies ist höchst selten der Fall. Denn der dazu notwendige Prozess ist nur schwerlich aus dem Unternehmen selber heraus zu initiieren. Auch ein Segelschiff lässt sich nicht durch Pusten vom eigenen Deck aus bewegen. Der Wind muss von außen kommen.

Sind nun zwei Unternehmen eine Partnerschaft eingegangen, wäre es im Sinne dieser Beziehung, die andere Firma bei der Verbesserung ihrer Minimum-Faktoren zu unterstützen. Dies kann durch Beratungen und Schulungen geschehen.

Das eine Unternehmen müsste also herausfinden, was sein Partner tatsächlich von ihm braucht, um weiter wachsen zu können. Die helfende Firma konzentriert dann die Energien ihres Partners auf dessen kybernetisch wirkungsvollsten Punkt, um so den in Frage kommenden Minimum-Faktor entsprechend zu entwickeln.

Es ist das gleiche Prinzip wie bei einem Brennglas. Hält man die Hand über das Brennglas, geschieht nichts. Unter dem Glas werden jedoch die Strahlen in einem heißen Lichtpunkt gebündelt. Es wirkt dort zwar die gleiche Energie wie oben, nur wird sie auf einen Punkt hin konzentriert.

Beim Partnersystem gibt es keine Verlierer

Im Falle unseres Unternehmens, der Rothmann & Cie. AG (siehe Kapitel „Beziehungsmanager in der Praxis"), helfen wir unseren Partnern und bieten ihnen Zusatzleistungen an, die nichts oder nur sehr wenig mit unserem eigentlichen Produkt zu tun haben. Das Ziel ist, einen Katalog unentgeltlicher Leistungen zur Verfügung zu stellen, mit denen unsere Partner ihre Geschäfte verbessern können. Im Ergebnis vergrößern sie ihren Umsatz, teilweise sogar erheblich. Gleichzeitig gehen auch unsere eigenen Umsätze in die Höhe.

Durch die Denk- und Handlungsweise des Partnersystems stellen wir also ein Win-Win-Verhältnis her: Alle Seiten profitieren vom Partnersystem, jeder verbessert seine Umsätze und seine Leistungen. Und das ist das Erstaunliche: Es gibt keine Verlierer.

Um zu solchen Ergebnisen zu gelangen, muss man zunächst gemeinsam mit dem Kunden eine Unternehmensanalyse erstellen, das heißt: die Minimum-Faktoren analysieren und auflisten. Dann gibt es kurzfristig einen Maßnahmenkatalog, der schnell umsetzbar ist. Und ein weiterer Maßnahmenkatalog gibt mittel- und langfristige Lösungen vor, damit der Erfolg dauerhaft wird.

Dem Partner durch Beratung helfen

An dieser Stelle leistet man praktische Unternehmensberatung – und alle diese Maßnahmen kosten den Kunden nichts. Je sauberer Sie arbeiten, je klarer Sie analysieren, je feinfühliger Sie mit Ihrem Kunden umgehen, umso mehr wird er es Ihnen danken.

Versetzen Sie sich dabei in seine Situation: Da kommt eine zunächst einmal unbekannte Person in sein Unternehmen, auf das er sehr stolz ist. Vielleicht hat er es sogar selber aufgebaut. Und jetzt muss er sich von dieser zwar sachkundigen, aber immerhin außen stehenden Person sagen lassen, was verbessert werden sollte, wo eindeutige Schwachstellen sind, was versäumt wurde. Sie können sicher sein, dass dies selbst den souveränsten Kunden schmerzt. Daher mein Rat: Machen Sie sich diesen Sachverhalt sehr bewusst.

Bei der Rothmann & Cie. AG wurde die Beratungstätigkeit so intensiv, dass wir eine eigene Abteilung eingerichtet haben: die Coaching-Abteilung. (Siehe auch Kapitel „Beziehungsmanager in der Praxis".)

Die Coaches sind im Unternehmen des Kunden tätig: als Trainer, als Controller, als Schiedsrichter bei Unstimmigkeiten, als Ideenlieferanten und wohlwollende Kritiker, als Informanten – letzlich also als echte Partner. Die Coaches helfen dem Partnerunternehmen, seine Minimum-Faktoren zu verbessern.

Ein Coach ist fair, aber unbequem

Den Begriff Coach haben wir aus dem Sport entlehnt, weil er die Aufgabe am genauesten beschreibt. Ein Coach ist unbequem. Er treibt seine Schützlinge bis an die Leistungsgrenze. Er ist da, wenn er gebraucht wird. Er muss es aushalten können, wenn der andere ein Star wird.

Er kann aber auch Dinge fordern, die ungewöhnlich sind. Denn man vertraut ihm. Und das ist sein größtes Kapital, das er niemals aufs Spiel setzen darf.

Eine der wichtigsten Erkenntnisse aus meiner Arbeit ist die, dass man niemanden, selbst den besten Partner nicht, drängen darf, sich coachen zu lassen. Der andere muss sich helfen lassen wollen. Er muss auf Sie zukommen und – nachdem Sie Ihre Leistungen in einem Gespräch einmal erläutert haben – Sie bitten, ihn oder sein Unternehmen zu coachen.

Das kann mitunter einige Zeit dauern. Nicht jeder gibt gerne zu, dass er oder seine Firma Schwachstellen aufweist. Daher muss man jedem die Zeit geben, die er braucht.

Helfen Sie in wirtschaftlich schwierigen Zeiten

Die Devise unserer Coaching-Abteilung war und ist noch heute: „Uneingeschränkte Leistung, ohne Bedingungen zu stellen". Doch dies ist nicht immer selbstverständlich. Wenn Sie sich dazu entscheiden, im Rahmen des Aufbaus Ihres Beziehungssystems andere zu coachen, sollten Sie in Erwägung ziehen, unentgeltlich zu arbeiten. Ihre Kunden werden es Ihnen vielfach danken.

Versuchen Sie dann, die Sackgassen zu entdecken, in denen Ihr Kunde steckt. Und helfen Sie insbesondere dann, wenn der Umsatz zu niedrig ist oder der Maßstab, den Sie anlegen, nicht erreicht wird. In einer solchen Zeit haben Sie die Chance, zum echten Partner Ihres Kunden zu werden.

Das Fazit, das wir hier ziehen können, lautet: Partnerschaft ist auch im Wirtschaftskampf möglich.

Ich habe es am eigenen Leibe erlebt. Unsere Vertriebspartner empfahlen uns an ihre Mitbewerber weiter. Dort leisteten wir ebenfalls Coaching-Arbeit mit großem Erfolg. Unterm Strich wachsen wir alle – zusammen mit unseren Kunden.

Und in diesem Zusammenhang die Frage: Was hindert Sie daran, Ihre Kunden ab sofort Partner zu nennen? Sie werden feststellen, dass sich Ihre ganze Einstellung ändern wird.

Die Leistungen eines Partnersystems

Neben der Coaching-Arbeit beinhaltet ein Partnersystem eine breite Palette an Leistungen. Welche Maßnahmen im Einzelfall Ihrem Partner zugute kommen, hängt in erster Linie von den Kittelbrennfaktoren ab. Kittelbrennfaktoren sind Schwachstellen im Unternehmen, die eine Weiterentwicklung am meisten verhindern.

Zu den Leistungen können beispielsweise gehören: Mitarbeiterfindungskonzepte, Verkaufsunterstützungsmaßnahmen, Ausbildungsvorschläge, Motivationsmaßnahmen, PR-Maßnahmen, Kundenveranstaltungen, Internet-Konzepte, Messeauftritte, Positionierungsmaßnahmen.

Alle diese Leistungen ändern sich ständig, denn das Partnersystem ist ein ständig wachsendes und atmendes Konzept. Es orientiert sich permanent am Bedarf Ihrer Kunden/Partner.

Im Ergebnis baut sich eine Beziehung zwischen Ihnen bzw. Ihrem Unternehmen und Ihren Partnern auf, die viel intensiver und stärker ist als herkömmliche Maßnahmen.

Gibt es Grenzen des Partnersystems?
Im Prinzip nein ...

Aus unserer Erfahrung können wir sagen, dass Sie mit Sicherheit von einem Teil Ihrer Kunden (das Wort „Partner" muss jetzt in Anführungszeichen stehen) ausgenutzt oder zumindest benutzt werden. Das sollten Sie von vornherein einkalkulieren.

Sie kennen vielleicht den amerikanischen Versandhandel Lands' End, der seit einiger Zeit auch in Deutschland arbeitet. Diese Firma garantiert ihren Kunden ein lebenslanges Rückgaberecht für alle Produkte bei voller Preisrückerstattung. Der Geschäftsführer des Unternehmens hat herausgefunden, dass nur etwa zwei Prozent aller Kunden diese Großzügigkeit ausnutzen. Daher kalkuliert das Unternehmen diesen Verlust ein – und für dieses Geld gibt es keine gute Werbekampagne. Denn ganz gleich, ob ein Kunde/Partner Ihren Service positiv oder negativ vor anderen erwähnt – jedes Mal ist es Werbung. (Siehe auch das Kapitel „Lohnt sich ein Beziehungsaufbau überhaupt?".)

Das Beispiel Kentucky Fried Chicken

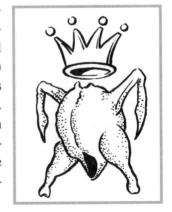

Vor kurzem stellte ich unser Partnersystem dem kanadischen Unternehmer Gil Ostrander (vergl. Kapitel „Beziehungsmanager in der Praxis") vor. Es sagte, er kenne das bereits von dem Vater eines guten Freundes. Ich fragte ihn – zugegebenermaßen etwas verwirrt –, was dieser denn mache. Gil meinte lakonisch, ich müsste die Firma kennen, sie hieße Kentucky Fried Chicken.

Und dann erzählte mir Gil die Entstehungsstory. Der Gründer war damals bereits 63 Jahre alt. Er hatte in der Nähe eines Highways ein Restaurant mit speziell gegrillten Hähnchen. Als der Highway verlegt wurde, blieben die Gäste aus. Der Mann ging pleite. Nach Abwicklung des Konkurses blieben ihm noch rund 6 000 Dollar und seine Hähnchenbratöfen. Zwei Monate später erhielt er seinen ersten Rentenscheck über 35 Dollar. Das war alles, was er hatte.

Viele von uns hätten angesichts dieser Situation längst aufgegeben. Dieser Mann nicht. Er zog mit seinem Ofen von Restaurant zu Restaurant und fragte die Besitzer, ob sie ihm helfen wollten. Er könne Hähnchen für sie braten. Aber niemand heuerte ihn an.

Da überlegte er sich, welchen zusätzlichen Nutzen er den Wirten vielleicht bieten könnte außer dem Braten von Hähnchen. Von jetzt an fragte er: „Wie viele Portionen bekommen Sie aus einem Hähnchen?" Die Antwort: sechs. Der Mann bot an, acht Portionen aus einem Hähnchen zu schneiden. Die zweite Frage lautete: „Wie viele Sorten Hähnchen gibt es bei Ihnen?" Die Antwort: etwa vier bis sechs. Der Mann bot über 20 verschiedene Rezepte an.

Nach vielen Versuchen fand er tatsächlich das erste Restaurant, das sein Angebot annahm. Er wollte als Bezahlung aber nur je fünf Cent von den zwei Stücken, die der Restaurantbesitzer durch ihn mehr verkaufte. Und er wollte, dass der Wirt die Gewürze, die er zu den 20 Rezepten benötigte, bei ihm kaufen würde. Der Wirt willigte ein. Und damit begann der Aufbau des berühmtesten Chicken-Imperiums der Welt. Jeder kennt heute Kentucky Fried Chicken.

Die Frage für uns lautet: Womit hat der Mann es geschafft, den Wirt zu überzeugen? Einzig und allein durch ein auf seinen Kunden zugeschnittenes Partnersystem.

14 Spannungsbilanz oder Kapital-bilanz – was ist Ihnen lieber?

Warum gehe ich als Kunde in das Geschäft A und nicht in den Laden B, um meinen Anzug zu kaufen? Warum gefällt mir die von meiner Wohnung zwei Kilometer entfernt liegende Backstube besser als die Bäckerei nebenan? Und warum versuche ich, wenn ich fliegen muss, ein Ticket von Airline A zu bekommen und nicht von der Fluggesellschaft B?

Sie meinen, weil mir jeweils die eine Firma besser gefällt als die andere? Weil ich das Gesicht des einen mehr mag als das des anderen?

In Ordnung. Dann die nächste Frage: Welcher ist aber der eigentliche Grund dafür, dass mir der eine Händler mehr zusagt als der andere? Warum fühle ich mich bei der Tankstelle X besser bedient als vom Tankwart Y?

Wenn Sie einmal genau auf die Kleinigkeiten achten, die den Unterschied zwischen zwei Geschäften oder Dienstleistern ausmachen, stellen Sie fest, dass der eine irgendetwas hat oder macht, was Sie anzieht. Was Sie spannend und attraktiv finden. Was Sie „anmacht". Und schon haben Sie Lust, sozusagen mit ihm in eine Beziehung zu treten: Sie haben Spaß daran, bei ihm zu kaufen, sich mit ihm zu unterhalten, das Ambiente seines Geschäfts zu genießen, vielleicht sogar seinen Bekanntenkreis kennen zu lernen.

Möchten Sie einem Prominenten begegnen?

Aus dieser Beobachtung können wir ein wichtiges Fazit ziehen: Will ich Beziehungen zu anderen Menschen aufbauen, muss ich versuchen, für diese Menschen – das sind beispielsweise Kunden, Bekannte und übrigens auch Lebenspartner – spannend zu werden und zu bleiben.

Wer von uns hat nicht den Wunsch, die Bekanntschaft von Prominenten zu machen?! Jeder hat da so seine Vorlieben, jeder hat andere Gründe, warum er eine bestimmte Person gerne einmal treffen würde.

Nehmen wir einmal an, eine solche Gelegenheit ergäbe sich unversehens. Sie kaufen zum Beispiel in Ihrem Supermarkt ein – und plötzlich steht der Schauspieler, der Sie interessiert, neben Ihnen an der Kasse. Oder Sie fliegen aus Ihrem Urlaub von Ibiza zurück nach Deutschland und – Sie trauen Ihren Augen kaum – Ihr berühmter Lieblingssänger sitzt alleine im Flugzeug in der ersten Reihe der Touristenklasse.

Würden Sie diese Person ansprechen? Vielleicht nicht sofort. Gut, Sie setzen sich auf Ihren Platz in der 15. Reihe und denken nach. Wie kann ich mich der Person am geschicktesten nähern – so, dass der andere sich möglichst positiv angesprochen fühlt? Diese Frage geht Ihnen ununterbrochen durch den Kopf. Was sollte uns auch sonst noch bewegen, wenn ein Mensch, dessen Bekanntschaft wir wünschen, in greifbarer Nähe sitzt?!

Wahrscheinlich schleichen sich auch ein leises Unwohlsein, ein etwas unangenehmer Gedanke zwischen die vielen Wünsche und Hoffnungen: Warum sollte dieser Prominente gerade auf mich reagieren, wenn ich ihn anspreche?

Wie spannend sind Sie für andere?

Halt! Lassen Sie uns bitte diese Stelle ein wenig beleuchten. Denn genau hier zeigt sich der Kern dieser und vieler ähnlicher Situationen.

Wir müssen uns tatsächlich selber anschauen und uns fragen: Was kann ich mit meiner Persönlichkeit tun, damit der andere mich wahrnimmt? Wie interessant, wie spannend, wie persönlich anziehend – nicht im äußeren Sinne, nicht meine Kleidung betreffend – muss ich sein, damit mein Gegenüber in eine Beziehung mit mir treten will? Anders ausgedrückt: Wie spannend bin ich als Mensch? Oder: Wie steht es um meine Spannungsbilanz?

Diese Frage ist grundsätzlich. Sie stellt sich immer dann, wenn wir zu anderen Menschen eine Beziehung aufbauen wollen. Sei es, dass die Beziehung aus einem kurzen Gespräch besteht, sei es, dass sie tiefer und intensiver wird.

Man muss sogar so weit gehen und sagen: Diese Frage ist so grundsätzlich, dass sie das Gegenüber, also den Menschen, den wir kennenlernen wollen, überhaupt nicht braucht. Wir sollten unsere Persönlichkeit im Laufe unseres Lebens in jedem Falle entwickeln, unabhängig davon, ob wir Beziehungen aufbauen wollen oder nicht. Absichtslos. Ohne jegliches Kalkulieren. Denn beim langsamen Aufbau unserer Persönlichkeit kommen wir Schritt für Schritt zu uns. Wir lernen uns kennen, unsere Schwächen und unsere Stärken, wir lernen, alles in uns anzunehmen.

Anziehung entsteht von ganz alleine

Das Frappierende ist, dass wir von ganz alleine interessant für andere werden, wenn wir durch diesen Prozess der Reifung hindurchgehen. Wir werden anziehend für andere, ohne dass wir uns dessen bewusst sind.

Selbstverständlich braucht man sein Licht nicht unter den Scheffel zu stellen. Wir können und sollten uns angewöhnen, unsere Stärken anstatt unserer Schwächen zu zeigen.

Aber wenn wir das tun, dürfen wir nur die wirklichen Stärken nach außen tragen. Alles andere wirkt aufgesetzt und lächerlich.

Die Fragen nach den eigenen Stärken

Um ein Gefühl für sich und für diese nach innen gehenden Beobachtungen zu entwickeln, können Sie sich die folgenden Fragen stellen:

- Wie spannend bin ich für mein Netzwerk?
- Wie spannend bin ich in meinem Unternehmen für meine Mitarbeiter/Kollegen?
- Wie spannend ist meine/unsere Firma für Kunden und Konkurrenten?
- Wie interessant bin ich als Unternehmer?
- Wie spannend bin ich für meine Familie und Freunde?
- Wie interessant bin ich als Freund/Freundin?
- Wie spannend bin ich für meine Vereins- und Sportkollegen?
- Wie spannend bin ich als Konkurrent für andere?

Und wenn wir schon dabei sind, Fragen zu stellen, lassen Sie uns einen wichtigen Punkt nicht auslassen: die Frage nach dem Warum. Also: Warum bin ich spannend? Und: Warum bin ich nicht spannend?

Die Fragen, die tief in den persönlichen Bereich gehen, möchte ich an dieser Stelle nicht weiter erörtern. Dies mag jeder für sich selber tun.

Interessant werden durch Dienstleistung

Ich möchte die Aufmerksamkeit dorthin lenken, wo wir uns jeden Tag lange aufhalten: auf die Arbeit. Auf den Job. Auf die Firma. Auf die Behörde.

Wenn ein Unternehmen für seine Kunden interessant sein möchte, genügt es heute nicht mehr, ein gutes Produkt anzubieten. Zu groß ist die Konkurrenz, zu stark sind die Mitbewerber, zu weitläufig und unüberschaubar die Märkte.

Um Spannung aufzubauen, ist etwas notwendig, das über das pure Produkt hinausgeht. Eine gewisse Dienstleistung ist wichtig, vor allem das Bewusstsein für Dienstleistung. Mit ist klar, dass dieses Wort in Deutschland noch immer ganz weit hinten in der Hitliste der gern gesprochenen Wörter steht. Und das obwohl mein Freund und Geschäftspartner Edgar K. Geffroy Tag für Tag durch Deutschland reist, Vorträge hält, Managementseminare gibt, Bücher schreibt und unermüdlich das hohe Lied der Dienstleistung singt.

Ich fragte einen Amerikaner, warum in den USA der Sektor der Dienstleistungen so gut funktioniert und warum wir solche Schwierigkeiten damit haben. Er gab mir eine einfache und verblüffende Antwort. In Amerika ist das Wort „Dienstleistung" in den Köpfen der Menschen eng an das Wort „Leistung" gekoppelt. Wir hingegen denken sofort an „dienen". Und das möchte in Deutschland niemand, denn es ist unbequem.

Ein Unternehmen, das zusätzlich zu seinen Produkten Dinge oder Dienstleistungen anbietet, ist interessant für seine Kunden. Ein Beispiel: Viele Tankstellen in Deutschland gehen mehr und mehr dazu über, insbesondere sonntags Brötchen zu verkaufen. Warum? Weil sie wissen, dass nicht nur Tankkunden am Wochenende gerne frische Brötchen auf dem Tisch haben. Diese Dienstleistung – die nun auch noch Geld kostet – zieht erfahrungsgemäß viele Kunden an, die wahrscheinlich sonst niemals bei einer Tankstelle einkaufen gehen würden.

Was ist eine Spannungsbilanz?

Um beurteilen zu können, wie interessant das eigene Unternehmen, der Heimatverein oder das Lebensmittelgeschäft ist, sollten Sie eine Spannungsbilanz aufstellen. Dieser Begriff wurde übrigens von Edgar K. Geffroy geprägt. Was ist eine Spannungsbilanz?

Ich erkläre es an einem Beispiel. Die meisten von uns waren in ihrem Leben mindestens einmal oder sind vielleicht derzeit verliebt. Stellen Sie sich bitte die Frage, was Sie an der anderen Person anzog. Was machte diesen Menschen so interessant, dass Sie den berühmten Blick mehr und das etwas längere Innehalten riskierten?

Dieses geheimnisvolle Etwas hatte mit Sicherheit mit dem Aussehen der anderen Person zu tun. Und ganz viel mit deren Ausstrahlung. Sie fanden den anderen Menschen spannend und interessant. Und dann, im Laufe der Zeit, spürten Sie, dass Ihnen die Intelligenz Ihres Gegenübers gefällt, vielleicht sein Auftreten, die Grundeinstellung zum Leben, sein Umfeld, seine Freunde. Alle diese Punkte schlugen sich positiv in der Spannungsbilanz nieder.

Die harten und weichen Fakten

Nach dem gleichen Prinzip können Sie sich Unternehmen ansehen und überlegen, warum Ihnen eine bestimmte Firma gefällt. Die Dinge, die diese Firma auf eine Weise interessant werden lassen, dass man sie einfach mag, ohne vielleicht genau zu wissen warum – diese Dinge bezeichnen wir als *soft facts*. Sie machen inhaltlich die Posten einer Spannungsbilanz aus.

Wir stellen sie den harten Fakten der Kapitalbilanz, die jedes Unternehmen haben muss, gegenüber. Klar, jede Firma braucht Kapital, um arbeiten, überleben und wachsen zu können. Noch mehr aber sind Dinge nötig, die das Unternehmen spannend machen. Denn erst dann, wenn die Kunden irgendetwas am Unternehmen interessant finden, kommen sie und kaufen Produkte oder Dienstleistungen.

Ich weiß, dass kein Finanzamt dieser Erde sich für die Spannungsbilanz interessiert. Und doch ist sie letztlich das einzige Barometer, anhand dessen man ablesen kann, wohin es mit der Firma geht. Im übrigen ist auch nicht wichtig, was Finanzämter denken; dort wird ohnehin nur verwaltet, während wir produzieren und nach neuen Wegen suchen.

Anregungen für Ihre Spannungsbilanz

Warum machen Sie nicht den Versuch und stellen Ihre Spannungsbilanz auf? Im Folgenden finden Sie einige Fragen, die Sie auf die richtige Fährte bringen. Wenn Sie sie beantworten, werden Sie schnell mit dem Denken in „Spannungsbögen" vertraut.

Übrigens: In diese Auflistung gehören beispielsweise auch alle Fragen nach dem Wert Ihrer Beziehungsnetzwerke.

Hier ist eine kurze Spannungsbilanz-Checkliste:

● Wie pflegen Sie Ihre Kontakte und Beziehungen?
● Was haben Sie in den letzten 1000 Tagen unternommen, um für Ihre Kunden so attraktiv zu werden, dass diese von alleine zu Ihnen kommen?
● Wie umfassend sind Ihre Beziehungsnetzwerke?
● Wie zufrieden sind Ihre Mitarbeiter?
● Lassen Sie Ihre Mitarbeiter am Erfolg des Unternehmens teilhaben?
● Wie zufrieden sind Ihre Kunden?
● Was machen Sie, um Ihre Kunden noch mehr als bisher zufrieden zu stellen?
● Verstehen Ihre Kunden – und Ihre Mitarbeiter – Ihre Produkte?

- Mit welcher Idee verkaufen Sie Ihre Produkte?
- Mit welchen Ideen verblüffen Sie Ihre Kunden?
- Sind Sie ein Unternehmer oder ein Unterlasser?
- Was unternehmen Sie, damit Ihre Kunden erfolgreicher werden?

Eine Spannungsbilanz ist eine Zukunftsbilanz

Sie werden feststellen, dass Sie regelrecht ins Grübeln kommen, wenn Sie sich ernsthaft mit diesen Fragen auseinandersetzen.

Und etwas anderes wird Ihnen bewusst werden: Die Analyse der Aussagen einer Spannungsbilanz weist immer in die Zukunft. Sie denken über die Vergangenheit nach und ziehen Schlüsse für die Zukunft. Eine Spannungsbilanz ist daher eine Zukunftsbilanz. Und das gibt ihr eine unglaubliche Kraft.

Die Spannungsbilanz der Stars

Unser Ausgangspunkt aller dieser Überlegungen war die Frage, was geschieht, wenn Sie einen Prominenten kennen lernen. Mein Tipp: Denken Sie ausschließlich an Ihre persönliche Spannungsbilanz. Machen Sie sich klar, wie interessant Sie sind, wie groß Ihr Beziehungsnetzwerk tatsächlich ist. Diese Sicht der Dinge verleiht Ihnen das nötige Selbstbewusstsein für Ihre Frage und das – hoffentlich! – nachfolgende Gespräch.

Was ist es, was uns an Prominenten tatsächlich reizt? Es hat in der Tat mit deren Spannungsbilanz zu tun. Wir wissen, dass die Politiker, Fernsehstars, Journalisten oder Schauspieler – also die Personen des so genannten öffentlichen Lebens – über unzählige gute Kontakte und Beziehungen verfügen. Sie scheinen alle Welt zu kennen; sie kennen zumindest die richtige Person für jede Lebenssituation.

Selbst wenn das nicht so ist – und das ist es mit Sicherheit nicht – dieses Szenario sollte uns bewusst machen, wie wichtig es ist, ein Beziehungsnetzwerk aufzubauen und damit einen wichtigen Posten in unserer Spannungsbilanz aufzufüllen.

Vergessen Sie Marketing – ändern Sie die Grundregeln

Wir alle wissen und spüren, dass unsere Gesellschaft in den vergangenen Jahrzehnten einen grundlegenden Wandlungsprozess durchlaufen hat. Dieser Weg ist noch nicht zu Ende. Jetzt, zu Beginn des nächsten Jahrtausends, erleben wir den Umbau der Strukturen von einer Industrie- zu einer Wissens- und Informationsgesellschaft. Wir erleben, dass Wissen tatsächlich Macht bedeutet. Früher  hieß die Devise: „Die Großen fressen die Kleinen". Heute heißt es: „Die Schnellen fressen die Langsamen".

Umso wichtiger werden Beziehungsnetzwerke. Wenn Sie spannend für Ihren Markt sind, kommen die Kunden von alleine zu Ihnen. Vergessen Sie klassisches Marketing, vergessen Sie klassische Werbung.

Sie werden als Unternehmer jetzt vielleicht sagen: „Das ist Träumerei und Wunschdenken. Wir müssen hart und aggressiv werben und andere verdrängen."

Ich weiß, dass solche Strategien bislang richtig waren. Jetzt jedoch leben wir in einer anderen Zeit. Es ist die Zeit der Spannungsbilanzen, der Beziehungsnetzwerke, der Partnersysteme. Es ist die Zeit, in der Sie aktiv die Grundregeln auf den Kopf stellen müssen. Denken Sie um – es ist letztlich die einzige Chance, die Sie haben.

Als wir bei der Rothmann & Cie. AG begannen, die Grundregeln des Marktes und unseres Geschäfts auf den Kopf zu stellen (siehe Kapitel „Beziehungsmanager in der Praxis"), hat jeder zunächst gelächelt. Heute, nachdem wir in unserem Segment Marktführer geworden sind, werden wir von anderen kopiert.

Einer meiner alten Mentoren sagte immer: „Du musst den Mut haben, dem Bären den Arsch abzubeißen." Ich münze diesen Satz um: Wenn Sie mit Ihrem Unternehmen in unserer vernetzten Welt überleben wollen, müssen Sie den Mut haben, die Grundregeln komplett zu ändern.

Und wenn Sie dieses Buch gelesen haben, können wir davon ausgehen, dass Sie auf dem Weg dorthin sind. Glückwunsch!

15 Schaffen Sie Marktplätze für Ihre Partner

Wer den Mut aufbringt, die Grundregeln des Geschäfts und des geschäftlichen Umgangs mit seinen Kunden zu ändern, wird großen Erfolg haben. Wer attraktiv und spannend für seine Kunden wird, bekommt mehr Zulauf  als die vergleichsweise langweilige Konkurrenz nebenan. Mein Freund Edgar K. Geffroy, Unternehmensberater und Urheber der Clienting-Strategie, verglich das Ringen um Kundenaufmerksamkeit von verschiedenen Wettbewerbern mit der Situation auf einem Marktplatz.

Erinnern wir uns 20, vielleicht 30 Jahre zurück. Damals gab es in jeder Stadt, in jedem Dorf einen Wochenmarkt. Diese Märkte sind im Laufe der Zeit zwar weniger geworden, doch sie existieren immer noch. Die Menschen treffen sich dort, um zu kaufen, um sich auszutauschen, um zu feilschen. Und sie genießen es, zwischen den Ständen herumzubummeln, attraktive Waren zu entdecken, Schnäppchen zu machen.

Ein solcher Markt ist ein Bild für das Verhältnis zwischen Anbietern und Kunden. Im Kern bedeuten Edgar K. Geffroys Thesen: Sie müssen als Anbieter so attraktiv sein, dass Ihre Kunden von Ihnen, von Ihrem Stand, von Ihren Waren wie magisch angezogen werden. Die Menschen sind so begeistert von Ihnen, dass sie von alleine – ohne Beeinflussung durch augenfällige Werbung – zu Ihnen kommen. Und sie kommen sogar in Begleitung anderer, denen sie von Ihnen und Ihrem schönen Stand erzählt haben. Auf diese Weise spricht sich herum, wie gut Ihr Stand und die Dinge sind, die man bei Ihnen bekommt. Und das ist viel mehr als die Waren in Ihrer Auslage. Es ist die Atmosphäre am Stand, es sind die vielen Gespräche, es sind die vielen interessanten Menschen, die sich bei Ihnen treffen.

Foren für Kommunikation

Wir greifen die Gedanken aus dem vorhergehenden Kapitel auf. Sie müssen sich die Frage stellen: Wie spannend ist eigentlich mein Stand für andere? Was biete ich, damit Kunden überhaupt zu mir kommen? Zeige ich Ihnen etwas, was sie reizen könnte? Oder präsentiere ich die bloße Normalität alltäglicher Produkte, führe ich vielleicht die allgemeine sterile Langeweile vor?

Sie werden erleben, dass es keinesfalls nur auf die Produkte ankommt – wahrscheinlich darauf am wenigsten. Ihre Kunden kommen zu Ihnen, wenn Sie Ihnen ein Forum bieten. Beispielsweise ein Ambiente, in dem man sich gerne mit anderen trifft, ein Forum der Kommunikation. Sie sollten sich Gedanken darüber machen, wie Sie einen kompletten Marktplatz der Beziehungen und Anknüpfungspunkte für Ihre Kunden schaffen können.

Indem Sie solche Mehrwerte kreieren, werden Sie attraktiv und zum Anziehungspunkt. Sie erreichen das, wovon andere träumen: Ihre Kunden kommen zu Ihnen, betreiben Mund-zu-Mund-Propaganda und bleiben Ihnen treu.

Und auf dem Marktplatz gilt das Gleiche wie für alle Beziehungen: Es ist nicht damit getan, einmal einen solchen Platz einzurichten. Ein Markt will gehegt und gepflegt werden. Die Kunden erwarten immer neue Ideen von Ihnen, sie wollen immer aufs Neue überrascht werden. Leider ist es so: Der Reiz des Unerwarteten erlahmt schnell. Doch auch dies ist kein Problem, solange Sie diese Mechanismen kennen. Sie werden in ihnen denken und handeln lernen und so interessante Marktplätze der Beziehungen schaffen.

16 Keiner gewinnt alleine – Beispiele aus der Wirtschaft

Um Unternehmen erfolgreich zu führen, ist es unerlässlich, systematisch (Geschäfts-)Beziehungen aufzubauen und zu pflegen. Das ist eine der wichtigsten Regeln multinationaler Konzerne. Disney World, zum Beispiel, hat sich mit vielen kleinen und großen Unternehmen verbündet, um seine Filme, TV-Shows oder auch Amüsierparks in der ganzen Welt zum Laufen zu bringen: ein gut funktionierendes Räderwerk, das ständig geölt und geschmiert werden muss. Da gibt es mittlerweile ein Heer von Partnerunternehmen: Hotels, Fluggesellschaften, Show-Organisatoren, Filmgesellschaften, Druckereien, Werbeagenturen usw. Und einzig durch die Arbeit an einem großen gemeinsamen Produkt sind alle zusammen erfolgreich.

Kein Unternehmen hat heute noch eine Chance, alleine seinen Weg zu gehen. Die Märkte sind zu groß, die Mitbewerber zu zahlreich und zu mächtig. Und selbst wenn jemand eine Produkt- oder Marktnische für sich entdeckt und bearbeitet – es ist aller Wahrscheinlichkeit nach eine Frage der Zeit, bis ihn die Konkurrenz auch dort einholt.

Ganz klar: ein atemloser Wettbewerb. Doch Lamentieren nützt nichts, die Bedingungen sind nun einmal so. Keiner gewinnt heute mehr alleine. Daher gibt es heute Allianzen auf den unterschiedlichsten Gebieten. In der Autobranche beispielsweise arbeiten vermeintliche Konkurrenten eng und friedlich zusammen. So hat Porsche ein hochmodernes Testzentrum in Waissach, das allerdings nicht ausgelastet ist. Also ging das Unternehmen eine Partnerschaft mit DaimlerChrysler ein. Jetzt nutzen beide Unternehmen das Gelände, und beide profitieren auch davon.

Ein anderes Beispiel: In Hamburg ist die Leasinggesellschaft ALPHA Leasing GmbH zu Hause. Das Unternehmen spezialisierte sich auf Computerleasing, und zwar auf das Geschäft in der Größenordnung ab 2 000 Mark. Dieses Unternehmen fährt eine doppelte Partnerstrategie.

Auf der einen Seite definiert sich die ALPHA Leasing GmbH als der Leasingpartner der Computerhändler. Diese bekommen kostenfrei spezielle Leasingantrags-Software zur Verfügung gestellt, können in wenigen Minuten elektronisch einen Leasingantrag bearbeiten und genehmigt bekommen, haben eine Hotline zur Verfügung und können durch spezielle Computerprogramme den Genehmigungsweg eines Leasingantrags verfolgen.

Und andererseits hilft das Unternehmen anderen großen Unternehmen, schneller und unkomplizierter ihr Leasinggeschäft abzuwickeln. Dafür baute ALPHA Leasing systematisch seine Kompetenz in der schnellen elektronischen Antragsbearbeitung aus. Der Computergigant IBM und auch Microsoft wurden hellhörig. Mittlerweile sind das Hamburger Unternehmen und Microsoft Kooperationspartner. Und seit rund zwei Jahren wickelt die ALPHA Leasing GmbH das gesamte Vertriebsleasinggeschäft von IBM mit Händlern in Deutschland ab.

Die kooperative Marktgestaltung

Ein Blick in die Geschichte der Industrialisierung zeigt, dass viele Branchen und Produkte erst durch so genannte kooperative Marktgestaltung möglich wurden. Immer müssen bestimmte Bedingungen zusammentreffen, damit ein neues Produkt seine Abnehmer finden kann. Es ist offenbar so, dass Produkte, Branchen und Abnehmer erst eine bestimmte Beziehung miteinander eingehen müssen, bevor eine neue Entwicklung in Gang kommt.

Zum Beispiel das Telefon. Als Mr. Bell die Fernsprechma-schine in den USA erfunden hatte, stieß sie auf breite Ab-lehnung. Dieser merkwürdige Apparat wurde als Teufels-zeug abgetan. Niemand wollte ihn kaufen. Erst als er ver-mietet wurde – das war übrigens die Erfindung des Leasing im Jahre 1896 –, begann der Siegeszug des Telefons. Und der ganz große Erfolg stellte sich ein, als das Telefon zum Mas-senprodukt avancierte.

Ähnlich verlief die Entwicklung beim Auto und sogar beim Fahrrad. Erst als es für die Produkte eine Vielzahl von Anbietern gab, entstand ein Markt. Und alle Anbieter profi-tierten davon.

Beispiel: der Golfplatzbesitzer

Solche Beispiele gibt es viele. Ich kenne einen Golfplatzbe-treiber, der einer der ersten in unserer Stadt war. Schon lange vor dem Golfboom glaubte er an den Erfolg des Sports mit den Eisenschlägern, kleinen Bällen und langen Wegen. Hin und wieder klagte er, weil zu wenige Menschen Golf spielten und dieser Sport nur einer Elite vorbehalten zu sein schien. Eines Tages hörte er, dass neue Golfplätze ge-baut werden sollten – und er war begeistert. Ich konnte ihn zu diesem Zeitpunkt nicht verstehen: Er hatte bis dahin den Markt alleine und jetzt müsste er ihn mit anderen teilen. Ich fragte ihn und war über die Antwort sehr überrascht. Er sagte: „Gott sei Dank, jetzt entsteht langsam ein Markt. Da-mit werden wir alle bald mehr Geschäft machen." Er sollte Recht behalten.

Beispiel: Jet-Sharing

Einen ähnlichen Trend auf einem anderen Gebiet beobach-ten wir gegenwärtig unter den viel fliegenden Geschäftsleu-

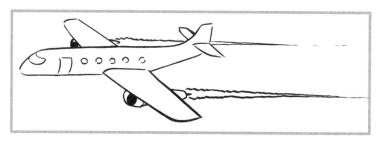

ten in Europa, speziell in Deutschland: Jet-Sharing. Manager, die viel unterwegs sind und zu unkonventionellen Zeiten von Ort zu Ort reisen müssen, teilen sich eigene Flugzeuge. Das Jet-Sharing wurde Mitte der 1980er Jahre in den USA entwickelt und erobert nun in Form des Anteileignerprogramms „NetJets Europe" den europäischen Markt. Die erworbene Partnerschaft berechtigt zum bestimmten jährlichen Kontingent an Flugstunden.

Auch in diesem Fall wächst ein Markt, in dem viele Abnehmer Zugang zu einem bestimmten Produkt finden.

Beispiel: die kleinen Unternehmen

In den USA kann man gegenwärtig beobachten, dass Märkte durch Kooperationen von kleinen Unternehmen entstehen. Insgesamt wurden in wenigen Jahren in den USA über 7,5 Millionen Arbeitsplätze geschaffen – 5,5 Millionen davon durch Firmen, die weniger als fünf Mitarbeiter haben. Diesen Trend kann man auch in Europa beobachten. Dabei liegt die Stärke der Kleinen eindeutig in ihrer Flexibilität und im Ausnutzen ihrer vielen Beziehungen untereinander. Wenn Menschen sich selbständig machen, stellen sie schnell fest, dass sie Kooperationspartner brauchen – ein Netzwerk gut funktionierender Beziehungen, wo man sich aufeinander verlassen kann, selbstverantwortlich, selbstständig. Sie alle wissen und spüren, dass sie schnell sein müssen. Und heute fressen nicht die Großen die Kleinen, sondern die Schnellen die Langsamen – aber nicht im Sinne von Aufkaufen, sondern im Sinne von Übernahme des Geschäfts. Jeder der erfolgreichen Kleinen hat am eigenen Leib erfahren, dass er alleine nicht überleben kann, sondern schlagkräftige, kreative Partner braucht. Und jeder verfügt über viele Beziehungen, die nur aktiviert werden müssen.

17 Sie können Kontakte schließen – jeden Tag

Das, was für Unternehmen gilt, hat Gültigkeit für jeden von uns. Jeder Mensch braucht Beziehungen, jeder stellt für andere eine wichtige Beziehung dar. Deshalb mein Appell: Versäumen Sie niemals eine Gelegenheit, andere Menschen kennen zu lernen. Ihr Leben lang sollten Sie Ihre Fühler ausstrecken.

Die Zwei-Minuten-Übung

Es gibt zahlreiche Geschichten darüber, wie Zufallsbekanntschaften das Leben von Menschen radikal verändert haben. Wie ist so etwas möglich? Das fragen viele. Und meistens sind es gerade sie, die unzählige Gelegenheiten, neue Bekanntschaften zu schließen, ungenutzt vorüberziehen lassen. Dabei liegt das Geheimnis in der Fähigkeit, sich eine Offenheit für jede Art von Zufallsbekanntschaften zuzulegen bzw. zu erhalten. Doch wie soll das ausgerechnet denjenigen gelingen, die vielleicht von Natur aus introvertiert sind?

Wenn ich Vorträge oder Seminare über Beziehungsmanagement halte, kommen immer viele unterschiedliche Menschen zusammen. Mit ihnen mache ich dann die folgende Übung.

Ich bitte jeden Zuhörer, sich umzusehen und sich einen Unbekannten als Übungspartner auszusuchen. Nach einem Pfeifton hat jeder zwei Minuten Zeit, diesem Menschen die Dinge über sich zu erzählen, die er in dem Moment für erzählenswert hält.

Sie meinen, zwei Minuten seien zu kurz? Ganz im Gegenteil! In zwei Minuten kann man viele Dinge über seine Herkunft, das Erreichte, über seine Hoffnungen, Träume, Ziele,

Hobbys, über seine Partnerschaft und eventuelle Enttäuschungen, über seine Kinder oder das Zeitgeschehen erzählen. Wenn die zwei Minuten vorbei sind, ertönt wieder
der Pfeifton – und der andere ist an der Reihe.

Ich kann Ihnen versichern: Es ist erstaunlich, was man in
nur zwei Minuten alles über einen bis zu diesem Zeitpunkt
fremden Menschen erfahren kann.

Nach den Seminaren wird mir von vielen, die die Übung
gemacht haben, immer wieder berichtet, dass sich aus dieser
Zwei-Minuten-Begegnung erstaunliche, häufig enge Kontakte entwickelt haben.

Diese kleine Übung können Sie – wenn Sie möchten – einmal am Tag machen. Es reicht sogar, wenn Sie sie einmal pro
Woche in Ihren Alltag einschieben. Ich garantiere Ihnen: Sie
knüpfen sozusagen im Handumdrehen jede Menge neuer
Kontakte. Ist das nicht die Investition von zwei Minuten
wert?

Das Buch als Beziehungsinstrument

Eine ganz andere Möglichkeit, schnell Kontakte zu knüpfen
und/oder Beziehungen einzugehen, ist die so genannte Beziehungskette. Durch eine persönliche Erfahrung wurde sie
mir bewusst.

Ich war mit dem Auto unterwegs und hatte nach stunden-
langer Fahrt durch Kleinstädte plötzlich eine Panne auf der
Landstraße. Auf dem Weg zur Autobahn streikte mein Wagen. Was tun? Kein Haus weit und breit, kein Telefon, das
Handy war in einem Funkloch. Ich machte das, was wahrscheinlich jeder tun würde: Ich winkte und versuchte, andere Autofahrer anzuhalten.

Nach einiger Zeit stoppte ein junger Mann. Er lud mich
ein mitzufahren, doch bevor ich mich neben ihn auf den
Beifahrersitz setzen konnte, sagte er zu mir: „Bitte verstehen Sie es nicht falsch, aber ich nehme Sie nur unter einer

Bedingung mit: Versprechen Sie mir, dass Sie irgendwann zwei anderen Menschen helfen, die so wie Sie eine Panne haben." Selbstverständlich sagte ich zu.

Schlagartig wurde mir klar, dass diese Haltung geradezu perfekt dazu geeignet ist, das Beziehungsnetzwerk schnell auf- und auszubauen.

Nehmen Sie irgendein für Sie wichtiges Buch – vielleicht sogar dieses Buch, das Sie jetzt in Händen halten. Wenn Sie davon drei Exemplare kaufen, eines für sich behalten und zwei verschenken, haben Sie einen großen Schritt getan, Ihr Beziehungsnetzwerk auszubauen. Denn die Beschenkten werden das Buch lesen, das Prinzip begreifen, den hohen praktischen Wert der hier beschriebenen Beziehungsgedanken verstehen und Ihnen dafür dankbar sein. Sie können sicher sein, in diesen Menschen Ansprechpartner gefunden zu haben.

Wenn nun Ihre Beziehungspartner das Gleiche tun, entsteht nach und nach eine Beziehungskette. Irgendwann werden Sie „weitergereicht" und Sie werden einen der Menschen aus dieser Kette um Rat fragen müssen – Sie können sicher sein, dass Sie ihn erhalten werden.

18 Über die Pflege von Beziehungen

Der Aufbau von Beziehungen ist die eine Sache, die Pflege eine andere. So wichtig der Aufbau ist, mindestens so wichtig ist auch das Sich-Kümmern um die Kunden.

Sie erleben es täglich selbst beim Einkaufen, beim Tanken, wenn Sie fliegen oder auf der Post Briefmarken kaufen. Sie möchten als Kunde aufmerksam und zuvorkommend bedient werden. Sie bezahlen für Ihre Ware oder Dienstleistung, also erwarten Sie ein Mindestmaß an Zuvorkommenheit und Höflichkeit. Sobald Sie ein paar Mal – häufig reicht ein einziges Mal – die Erfahrung machen, nicht Ihren Wünschen gemäß behandelt worden zu sein, fliegen Sie künftig mit einer anderen Gesellschaft, wechseln Sie die Tankstelle oder den Lebensmittelhändler.

Genauso verhält es sich mit Ihren eigenen Kunden. Wenn Sie sie behalten wollen, müssen Sie die Beziehung zu ihnen regelrecht pflegen. Da gibt es jede Menge Möglichkeiten. Sie finden hier eine Liste, die jedoch in keiner Weise vollständig ist und fast beliebig verlängert werden kann. Die Aufzählung der Möglichkeiten soll Ihnen Ideen geben, was alles machbar ist.

Zunächst jedoch:

Die zehn Gebote der Beziehungspflege

1. Du sollst den Zeitgeist erfassen – und wenn er sich ändert, finde ihn wieder.
2. Du sollst als Geschäftsmann oder Führungskraft deine persönliche Note finden und sie zum Teil deines Lebens machen.
3. Wenn du etwas über deine Kunden nicht weißt und

dir nicht sicher bist, frage deine Kunden oder Beziehungspartner direkt.

4. Du sollst alle Anrufe, die es zu erledigen gilt, immer sofort tätigen.

5. Du sollst zwischen deinem persönlichen Beziehungsnetz und dem deiner Firma unterscheiden können.

6. Du sollst dich für erwiesene Gefälligkeiten immer erkenntlich zeigen.

7. Du sollst anderen nie das Neinsagen abnehmen.

8. Du sollst kein Schnorrer und keine Nervensäge sein.

9. Du sollst Augenfälligkeit und Freundlichkeit nicht mit Glaubwürdigkeit verwechseln.

10. Du sollst nicht unterstellen, dass hinter der Position mit imposantem Titel auch tatsächlich die Macht steht.

Diese Leitsätze sind ein Destillat aus vielen Jahren intensiver Arbeit in Sachen Beziehungsmanagement. Es mag sein, dass Sie ein oder zwei dieser Gebote als nicht so wichtig erachten und andere, durch Ihre persönliche Erfahrung geprägte Sätze an deren Stelle setzen. Aber auch hier geht es nicht um Vollständigkeit, sondern um Bewusstmachung all dessen, was die Entscheidung einschließt, den Weg der Beziehungspflege einzuschlagen.

Und jetzt wird es wiederum bodenständig und praktisch. Die folgenden Dinge empfehlen sich als Direktmaßnahmen zur Beziehungspflege:

- Informieren Sie Ihre Netzwerkpartner über alle Neuigkeiten, die Ihre jeweiligen Kontaktpersonen interessieren könnten.
- Arbeiten Sie zielgruppenorientiert.
- Verschicken Sie Einladungen zu Veranstaltungen, Seminaren, Ausstellungen, Messen, Konzerten.
- Gründen Sie Kundenclubs.

- Überlegen Sie sich Mailingaktionen zu aktuellen Themen.
- Organisieren Sie Hausmessen.
- Laden Sie zum Tag der offenen Tür ein.
- Veranstalten Sie Reisen zu Orten, die etwas mit Ihrem Geschäftsbereich zu tun haben.
- Geben Sie einen Newsletter heraus.
- Bauen Sie eine Coaching-Abteilung auf.
- Veranstalten Sie interessante – nicht unbedingt teure! – Incentivereisen.
- Denken Sie an Geburtstage, gratulieren Sie handschriftlich.
- Geben Sie Club-Mitgliedskarten heraus.
- Organisieren Sie Hotlines für Ihre Kunden.
- Achten Sie bei Lokalereignissen darauf, ob jemand aus Ihrem Netzwerk dabei ist. Wird beispielsweise Ihr Bekannter Faschingsprinz, gratulieren Sie.
- Achten Sie immer darauf, wenn sich in der Umgebung des anderen etwas ändert. Versuchen Sie, als erster darauf zu reagieren.
- Verschicken Sie Zeitungsartikel zu Themen, die Ihren Partner eventuell interessieren.
- Nutzen Sie die Zeit, wenn Sie in einer Stadt einen Zwischenstopp machen oder ein Termin ausfällt, zum Anruf beim Netzwerkpartner, der dort wohnt. Vielleicht können Sie sich kurz treffen.
- Rufen Sie einen Netzwerkpartner an, wenn es ihm schlecht geht.
- Seien Sie hilfsbereit.

Wenn Sie die einzelnen Punkte dieser Liste durchgehen, stellen Sie fest, dass die Pflege eines Beziehungsnetzwerks viel Geduld und permanenten persönlichen Einsatz erfordert. Ich versichere Ihnen: Der Aufwand lohnt sich. Wenn das Gebilde namens Beziehungsnetzwerk einmal steht und lebt, wird vieles möglich, was vorher nicht machbar zu sein schien. Verbindungen und Beziehungen zwischen Menschen sind stärker als alle Verträge. Aus Geschäftsbeziehungen werden Geschäftspartner.

Der Unterschied ist frappierend. Eine Geschäftsbeziehung schließt jegliche persönliche Ebene aus. Wer sich jedoch im Job auf persönlicher Ebene versteht, macht auch gerne Geschäfte miteinander. Und wo dieser Level gestört ist, kommen keine oder nur schwerlich gute Geschäfte zustande. Man kann es sogar so ausdrücken: Wenn sich Manager treffen und ausschließlich auf Geschäftsebene miteinander zu tun haben, gibt jede Seite 25 Prozent ihrer Kapazitäten in den gemeinsamen Topf. Entschließen sie sich jedoch dazu, Partner zu werden, bringt jeder 100 Prozent mit ein. Und eine solche Geschäftspartnerschaft hat durchschlagenden Erfolg.

19 Eckpfeiler von Beziehungen

„Sobald du einem Menschen einmal begegnest, ist er kein Fremder mehr. Hoffentlich lernst du ihn kennen, bevor du seine Hilfe brauchst." Diese Sätze sagte mir vor langer Zeit ein guter Freund. Seitdem sind sie mir immer mal wieder durch den Kopf gegangen. In Bezug auf den Aufbau von Beziehungen und entsprechenden Netzwerken stimmen diese Gedanken hundertprozentig.

Jeder von uns stellt immer wieder in seinem Leben fest, dass er irgendwann bestimmte Menschen und Kontakte ganz dringend braucht. Ich habe als eine Art Richtschnur eine – unvollständige – Liste solcher Personen zusammengestellt. Auch bei dieser Liste gilt: Diese Personen sollten sich auf jeden Fall in Ihrem Netzwerk wieder finden. Gut wäre es, wenn Sie sie kennen, bevor Sie sie tatsächlich brauchen.

1. Elektriker, Installateur. Diese Personen, besonders diejenigen von ihnen, die ihren Job gut machen, sind sehr wichtig, aber mitunter schwer zu finden oder zu erreichen. Wenn Sie irgendwann mitten in der Nacht einen solchen Menschen brauchen, haben Sie hoffentlich einen guten Draht gelegt.

2. Jemand, der schwer erhältliche Eintrittskarten besorgen kann. Das kann ein Pförtner sein, ein Veranstalter, Sponsor, Trainer, Sportler, Akteur, Mitarbeiter, Medienvertreter, Vorverkaufsstellen-Angestellter, Verleger usw. Warum das wichtig ist? Stellen Sie sich vor, Ihr bester Kunde fragt Sie, ob Sie Karten für das Lokalderby FC Bayern München gegen 1860 München haben. Das ist grundsätzlich eine ausgezeichnete Chance, Ihr Beziehungsnetzwerk auszubauen. Hoffentlich haben Sie dann

die Kontaktperson, die Ihnen die Karten zurücklegt. Besorgen Sie sie – aber denken Sie daran, sich selbst welche mitzubestellen. Auch wenn Sie kein Fußballfan sind, sind Sie immerhin ein Beziehungsprofi.

3. Reisebüros. Sie brauchen jemanden, der Ihnen das preiswerte Ticket mit Gangplatz besorgt.

4. Führende Persönlichkeiten gesellschaftlicher Interessengruppen aller Art.

5. Headhunter. Auch wenn Sie momentan keinen brauchen – man kann ja nie wissen.

6. Banken. Ein guter Banker hilft Zinsen sparen und Renditen kassieren.

7. Kommunalpolitiker. Über einen solchen Kontakt bekam ich bereits mit 16 Jahren meinen Autoführerschein.

8. Hochrangige Polizeibeamte. Sie verreisen eine Zeitlang – und dann beruhigt es ungemein zu wissen, dass ein Streifenwagen öfter mal an Ihrem Haus vorbeifährt.

9. Prominente. Durch die Bekanntschaft mit Promis wird Ihre eigene Spannungsbilanz gewaltig erhöht.

10. Gute Ärzte – und zwar sowohl Allopathen als auch Homöopathen.

11. Versicherungsexperten.

12. Gute Anlageberater – sie sind ihr Geld wert. Wenn Sie Beziehungsmanagement gut beherrschen, wird sich dies bald auch in finanzieller Hinsicht positiv auswirken.

13. Gute Anwälte braucht man für die unterschiedlichsten Fachbereiche.

14. Medienkontakte. Diese Personen können Ihnen sehr nützlich sein, wenn es darum geht, bei den richtigen Zeitungen die richtigen Statements abzuliefern. Sie können Ihnen helfen, wenn Sie unvermittelt von einem Reporter angerufen werden – dann brauchen Sie schnell die passende Antwort. Und schließlich: Sie helfen Ihnen bei der Vorbereitung eines öffentlichen Auftritts oder einer Pressekonferenz.

15. Ein guter Freund oder eine gute Freundin: der wichtigste Mensch von allen, der Einzige auf der Welt, mit dem Sie über alles reden können – und der im Notfall fast alle anderen ersetzt.

Keine Trennung von Beruf und Privatleben (24-Stunden-Mensch)

Wenn Sie diese Liste aufmerksam lesen, stellen Sie fest, dass sie keine Unterteilung in geschäftliche und private Beziehungen bietet. Warum nicht? Sobald Sie in Beziehungskategorien denken, werden Sie nicht mehr in die Bereiche Privates und Geschäftliches unterscheiden. Denn Sie wissen nie, ob nicht aus einem privaten Kontakt vielleicht einmal eine berufliche Beziehung erwächst. Und Sie können nicht absehen und ausschalten, dass Sie sich mit Ihrem Geschäftspartner so gut verstehen, dass Sie ihn nicht auch gerne privat näher kennen lernen möchten.

Alle, die Spaß am Beruf haben, die Spaß am Leben haben, sind letztlich 24-Stunden-Menschen. Viele arbeiten zu Zeiten, in denen andere schon Feierabend haben. Oder sie führen andere Tätigkeiten aus, für die sie nicht bezahlt werden, die sich aber vielleicht einmal zu einem Beruf entwickeln werden. Und immer und überall werden Partner gebraucht und Beziehungen geknüpft und gepflegt.

Das Gleiche gilt für die Familie. Ich empfehle daher dringend, die Familie in den Kreislauf des Beziehungsmanagements einzubeziehen. Es kann nur von Vorteil sein, wenn die Partner, die sich um Haus, Heim und Kinder kümmern, auch in beruflichen Überlegungen und Kontakten firm sind.

Wer jedoch an der Zweiteilung „Beruflich Profi, privat Amateur" – so der Titel eines Buches – festhält, wird erleben, dass er in kurzer Zeit auch beruflich ein Amateur wird. Um in der Diktion zu bleiben: Wer das Beziehungsmanagement in seinem Privatleben vernachlässigt, wird aufgrund der dort entstehenden Probleme große Schwierigkeiten im Beruf bekommen.

Wenn die Zukunft von Unternehmen auf Beziehungsmanagement aufgebaut ist, fließen Berufs- und Privatleben zusammen. Sie werden in Zukunft mehr mit Menschen zusammenarbeiten wollen, die Sie mögen – und dann werden Sie diese auch teilweise in Ihr Privatleben integrieren. Dies ist letztlich eine große Chance für – häufig vereinsamte – Unternehmer, ein Privatleben zu führen, das ihnen Spaß bereitet. Ein Privatleben, das der viel beschworenen glücklichen Beziehung, die wir alle anstreben, einen neuen Sinn gibt.

Mein Freund und Nachbar Wolff Havenstein ist Testpilot bei einem großen deutschen Flugzeughersteller. Klar, er ist viel in der Welt unterwegs. Auch deshalb, weil er dafür sorgen muss, dass verkaufte Flugzeuge zu ihrem Bestimmungsort gebracht und die dortigen Crews auf den Maschinen trainiert werden. Bei einer seiner letzten Reisen hatte er in Nigeria mit einem großen, weltweit operierenden Mineralölkonzern zu tun. Er erzählte, dass die Führungskräfte oft viele Jahre in Ländern leben, deren Sprache sie nicht beherrschen. Sie verbringen viel Zeit miteinander, auch viel Freizeit. Sie leben in einer Community, die sowohl beruflich als auch privat funktioniert. Sie helfen einander in allen Lebenslagen, sie nutzen ihr gegenseitiges Wissen. Die Männer arbeiten oft 12 bis 14 Stunden am Tag, die Partnerinnen kümmern sich um das Familienleben in diesen Gemeinschaften. Alle haben miteinander zu tun, alle sind 24-Stunden-Menschen, alle pflegen ihre Beziehungen untereinander.

20 Wo finden Sie geeignete Beziehungen?

An jedem Tag in unserem Leben ergeben sich unzählige Gelegenheiten, Kontakte zu knüpfen und Beziehungen einzugehen. Damit meine ich nicht unbedingt die Bekanntschaft einer jungen Dame in der Straßenbahn oder das Kennenlernen eines interessanten Mannes in einer Kneipe. Doch selbst diese scheinbar zufälligen Treffen haben häufig etwas Schicksalhaftes: Was diese Kontakte, die uns da so unvermittelt „zufallen", tatsächlich für uns bedeuten, können wir erst feststellen, wenn wir uns darauf einlassen. Das bedeutet, offen zu sein für das, was uns entgegenkommt.

Dies gilt auch beim Treffen von Menschen an Orten, die man bewusst aufsucht, um dort gegebenenfalls Kontakte zu knüpfen. Die folgende Liste möglicher Kontaktorte und -gelegenheiten ist auf der Basis eigener Erfahrungen und nach vielen Gesprächen mit Freunden und Bekannten entstanden. Sie liefert daher eine Reihe von Hinweisen, ist aber nicht vollständig. (Siehe auch Kapitel „Wie bauen Sie Beziehungsnetzwerke auf?")

Denken Sie bitte daran, nicht alle Aktivitäten auf einmal zu unternehmen – das würde im Chaos enden.

1. Ehemaligen-Clubs
2. Berufs- und Wirtschaftsverbände
3. Vereine
4. Hobby-Clubs
5. Arztbesuche
6. Anwalt-Konsultationen
7. Kanzleien von Steuerberatern und Wirtschaftsprüfern
8. Medienveranstaltungen: Zeitung, Radio, Fernsehen
9. Seminare

10. Konzerte
11. Sportveranstaltungen
12. Wohltätigkeitsveranstaltungen
13. Partys
14. Cluburlaube
15. eigene Vorträge
16. Klassentreffen
17. gute Restaurants
18. Wahlveranstaltungen
19. örtliche Geschäfte
20. Sport (Joggen frühmorgens/Skigymnastik/Healthclubs)
21. Sauna
22. eigenes Bekleidungs- oder Schuhgeschäft
23. Messen
24. Vernissagen
25. Hotelbars oder Hotellobbys
26. Polizeibälle
27. Chauffeurdienste
28. Autovermietungen
29. Flugzeugvermietungen
30. exklusive Makler
31. Flugreisen (Business Class oder First Class)
32. Vielflieger-Lounges der Fluggesellschaften

Wichtig: Alle diese Kontaktmöglichkeiten sind für Sie dann eine Art wichtige Kontaktbörse, wenn Sie sich Ihrer eigenen Spannungsbilanz bewusst sind, das heißt, wenn Sie sich selbst kennen und von sich wissen, was Sie für andere Personen interessant macht. Wenn Sie somit genügend Selbstbewusstsein haben, um zum Beispiel in der Business Class eines Flugzeugs einen Prominenten anzusprechen.

Das Kontakteknüpfen, der Aufbau und der Ausbau von Beziehungen hängen selbstverständlich viel mit dem Ausgebildetsein Ihrer eigenen Persönlichkeit zusammen. Wenn Sie für andere Menschen interessant sein möchten, kommen Sie nicht umhin, Ihre Persönlichkeit auszubilden. Wie kann man das machen? Zunächst einmal: Viel machen – im aktiven Sinne – kann man häufig nicht. Man muss sich aufs Leben einlassen, die Dinge leben, die einem begegnen. Und zwar die guten wie die schwierigen. Und dann, Stück für Stück, schält sich mit wachsendem Bewusstsein Ihre Persönlichkeit heraus.

Unterstützen kann man diese langsamen, oft schmerzhaften Prozesse dadurch, dass man gute Seminare besucht, die sich mit diesen oder ähnlichen Themen beschäftigen.

Sie wissen ja: Der größte Club der Welt ist nicht der ADAC, sondern der Club der Menschen mit zu wenig Selbstbewusstsein.

21 Beziehungen in Zeiten des Cocoonings

Und wieder einmal überrennen uns Ende der 90er Jahre die Amerikaner mit einem neuen Trend: Cocooning. Der englische Begriff „cocoon" entspricht dem deutschen Wort Kokon. Jemand, der Cocooning betreibt, spinnt sich wie eine Raupe in einen Kokon ein. Er zieht sich zurück, will von der Welt nichts mehr wissen. Sein Reich sind seine vier Wände, jeder Kontakt mit anderen Menschen wird vermieden.

Nun mag man sich viele Gedanken darüber machen, woher solche Trends kommen, ob sie gut sind oder ob die Menschen unter ihnen leiden – Tatsache ist, dass dieses Verhalten insbesondere unter Heranwachsenden und jungen Erwachsenen anzutreffen ist. Es wird unterstützt und vielfach auch gefördert von der zunehmenden Vernetzung der Welt. Über Datenleitungen miteinander verbunden, per Internet-Kontakt zueinander gefunden, empfinden es viele Menschen als Zumutung, ihren Mitbürgern tatsächlich in der Realität noch begegnen zu müssen. Die täglichen Kontakte auf der Arbeitsstelle, der tägliche Büroweg mit der U-Bahn und das Konfrontiertsein mit den vielen Menschen reichen offenbar aus, um das Kontaktbedürfnis zu befriedigen. Alles andere lässt sich zunehmend von zu Hause aus erledigen. Man kann im Internet einkaufen, künstliche Freundschaften schließen, verreisen, durch so genannte virtuelle Kaufhäuser spazieren, in nicht real vorhandenen Bibliotheken Bücher kaufen, Videofilme und CDs bestellen. Und jedes Mal lässt der große Bruder Computer grüßen.

Kein Computer ersetzt den Kontakt von Mensch zu Mensch

Es gibt viele warnende Stimmen, die diese Entwicklung mit Sorge beobachten. Ich stimme ihnen zu, denn es ist schädlich für ein auf Kommunikation und Empfinden hin angelegtes Wesen, wie der Mensch es nun einmal ist, kein Gegenüber mehr zu haben.

Und genau an dieser Stelle wird der Wert von Beziehungen deutlich. Kein Bildschirm dieser Erde, kein Computer, keine Videokonferenz und keine Telefon-Konferenzschaltung über vier Ecken können den menschlichen Kontakt ersetzen. Vertrauen lässt sich nur von Mensch zu Mensch aufbauen. Daher: Werden Sie Vorreiter einer neuen Welle – des Beziehungs- und Netzwerktrends. Das Eingehen realer Beziehungen erfordert zugegebenermaßen größeren Mut, als anonym in einem Internet-Chatroom mit der Computertastatur heiße Liebessätze ins Web zu hacken. Aber ganz gleich, wie man es dreht und wendet: Der Aufbau von Beziehungen ist der einzige Weg aus dem Cocooning.

22 Gegen den Informations-Overkill

Einen Teil dieses Buches schrieb ich im Frühsommer 1999, während eines Aufenthalts in Los Angeles, Kalifornien. Während dieser Reise kam ich mit mehreren erfolgreichen amerikanischen Unternehmern aus der Computerbranche zusammen. Ich beobachtete sie bei ihrer tägli-

chen Arbeit. Mir fiel auf, dass sie viel mehr elektronische Kommunikationsmittel wie E-Mail oder auch das Internet benutzten als deutsche Manager. Und etwas anderes war auffällig: Die E-Mail-Liste eines Unternehmers, der auf der ganzen Welt verteilt seine Zweigstellen hat, umfasste rund 200 bis 300 Nachrichten pro Tag. Ich fragte ihn, wie er diese Menge an Nachfragen und Informationen bewältigt. Er gab mir eine sehr verblüffende Antwort: gar nicht. „Wer mich erreichen will, soll mich anrufen", sagte er lächelnd. Meine Verwunderung wurde größer.

Der Manager erzählte mir, dass der „Informations-Overkill" unaufhaltsam wächst. Täglich warten immer mehr Infos, Mails und Anrufe auf ihn. Und selbstverständlich ist er kaum mehr in der Lage, alle diese Brocken und Bröckchen aufzunehmen, zu sortieren, zu beantworten oder weiterzuleiten.

Ähnliche Beobachtungen machte ich an anderen Stellen, in anderen Unternehmen. Nach einigen Wochen und etlichen Gesprächen in Amerika drängte sich mir der Eindruck auf, dass die Informationsgesellschaft jenseits des großen

Teiches sich selbst überholte. Die einst hilfreichen Geister in Form ausgefeilter Kommunikationstechnik, die das Leben und die Arbeit vereinfachen sollen, wenden sich nun gegen ihre Erfinder.

Informationsflut mit guten Netzwerken überwinden

In Bezug auf das Thema Beziehungen bedeutet das: Wenn ich einen hoch gestellten, viel beschäftigten Unternehmer erreichen möchte, habe ich nur die Chance, über persönliche Beziehungen an ihn ranzukommen. Oder anders: Die Informationsflut ist nur über gute Netzwerke noch zu bewältigen.

Ein guter Bekannter erzählte mir dazu folgendes Beispiel. Er hatte einige Jahre in New York verbracht und dort in einem amerikanischen Unternehmen gearbeitet. Schließlich kehrte er nach Deutschland zurück und hatte – neben vielen Erfahrungen – den Koffer voll mit guten Kontakten. Einer davon war ein fast freundschaftlicher Kontakt zu Malcolm S. Forbes jr., dem Chef eines der größten und besten Wirtschaftsmagazine der Welt.

Vor kurzem wollte er wieder einmal den Kontakt zu seinem US-Freund auffrischen, der inzwischen in den Wahlkampf um die amerikanische Präsidentschaft eingestiegen ist. Er ging den normalen Weg und rief das Wahlkampfbüro an. Und er wurde – wie jeder Anrufer – freundlich und bestimmt an die persönliche Referentin verwiesen und landete bei seinen drei, vier Telefonaten jedes Mal bei deren Anrufbeantworter. Die Stimme versicherte zwar, sofort zurückzurufen, doch nichts desgleichen geschah.

Dann rief mein Bekannter die frühere Sekretärin seines amerikanischen Freundes an. Sie erinnerte sich sofort an ihn. „Ja, selbstverständlich werde ich die Nachricht weiterleiten. Sie hören in Kürze von uns", sagte sie. Und tatsächlich, am nächsten Tag klingelte das Telefon, und mein Bekannter war am Ziel.

„Das hat nur geklappt, weil ich den Amerikaner, der eine hohe gesellschaftliche und politische Stellung genießt, persönlich gut kenne", sagte mir mein Bekannter.

Das gedruckte Wissen verdoppelt sich alle vier bis fünf Jahre

Wie dramatisch die Menge der uns bedrängenden Informationen zunimmt, möchte ich Ihnen gerne an ein paar Beispielen deutlich machen:

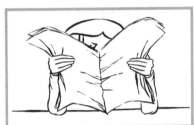

- In den vergangenen 30 Jahren wurden mehr Informationen erzeugt als in den 5000 Jahren zuvor.
- Das gedruckte Wissen verdoppelt sich alle vier bis fünf Jahre.
- Eine Werktagsausgabe der New York Times enthält mehr Informationen, als im 17. Jahrhundert einem Bewohner Englands in seinem ganzen Leben zur Verfügung standen.
- Eine der Wochenendausgaben der New York Times umfasste einmal über 1600 Seiten; sie wog 11 Pfund und enthielt mehr als 10 Millionen Wörter. Bei einer Lesezeit von 18 Stunden täglich und einem hohen Lesetempo von 500 Wörtern pro Minute würde man 18 Tage benötigen, um diese Zeitung von vorn bis hinten zu lesen.
- Täglich werden weltweit über 4000 Bücher veröffentlicht.

Diese Beispiele beziehen sich ausschließlich auf gedruckte Informationen. Wie sieht es im Bereich der elektronischen Medien aus?

- Bis zu seinem 18. Geburtstag sieht ein durchschnittliches britisches Kind insgesamt 140 000 Werbespots im Fernsehen.
- In Schweden empfängt ein Verbraucher im Durchschnitt täglich 3000 Werbebotschaften.
- Im Jahre 1992 strahlten 11 europäische Staaten über 3 Millionen Werbespots aus.

Die Informationsüberflutung steckt noch in den Kinderschuhen

Und dies alles ist nur der Anfang. Die Informationsüberflutung steckt noch in den Kinderschuhen. Heute gibt es in den USA ca. 140 Fernsehkanäle; man rechnet mit rund 500 Kanälen in absehbarer Zeit.

1975 gab es weltweit rund 300 Online-Datenbanken. Heute ist die Zahl auf weit über 8000 angewachsen und sie steigt unaufhörlich.

Wissenschaftler bekommen heutzutage eine solche Menge an Informationen über ein Wissensgebiet, dass es für sie leichter und Zeit sparender ist, das entsprechende Experiment selber durchzuführen, als alle Informationen darüber zu lesen und sachgerecht auszuwerten.

Die Frage lautet also: Wer soll diesen Informationswellen noch standhalten? Wer ist in der Lage, aus der permanenten Flut von Botschaften und Nachrichten die wichtigsten Informationen herauszufiltern?

Information macht den Menschen dümmer

Ich behaupte, dass die Information in Zukunft den Menschen nicht schlauer, sondern dümmer machen wird. Das Informationszeitalter mutiert zu einer Explosion der Nicht-Information.

Warum? Die Menschen sind nicht mehr in der Lage, sich die Dinge zu merken, die an sie herangetragen werden. Was das Speichern von Informationen angeht – wir vergessen innerhalb von 24 Stunden bis zu 80 Prozent dessen, was wir uns merken wollten; dies stellte ein deutscher Pionier der Gedächtnisforschung fest. Wenn wir also die meisten Informationen nicht mehr behalten können, fällt es ebenso schwer, zwischen den verschiedenen Informationen zu selektieren. Wie wollen wir entscheiden, was wir für wichtig erachten und was nicht, wenn das, was auf uns einstürmt, schlicht zu viel ist? Die Antwort ist einfach: Wir können es nicht entscheiden.

Also verschließen wir uns den Dingen, die auf uns zukommen. Die Konsequenz: Wir nehmen weder die für uns wichtigen noch die unwichtigen Dinge wahr. Anders ausgedrückt: Wir verarmen in unserer Wahrnehmung.

Diese Beispiele machen deutlich, dass es unerlässlich ist, Beziehungen aufzubauen. Denn nur ein Netz aus engen persönlichen Kontakten ermöglicht es, zu den jeweiligen Menschen vorzudringen. Alleine die gut gepflegten unsichtbaren Drähte zu anderen öffnen uns die Türen. Haben wir keine Beziehungsnetzwerke, scheitern wir an Informationsschutzwällen, die die Menschen um sich herum aufbauen. Sei es, dass sie keine E-Mails mehr lesen, sei es, dass sie das Telefon nicht mehr abheben, sei es, dass sie ihren Namen nicht mehr im Telefonbuch eintragen lassen.

Die Zeit ist überreif, dem Informations-Overkill das wirksame Beziehungsnetzwerk entgegenzusetzen. Und wer jetzt nicht mit der Zeit geht, der tritt ab.

23 Warum der Beziehungsaufbau manchmal nicht funktioniert

Viele Leser werden mir uneingeschränkt zustimmen: Es ist für jeden von uns immens wichtig, Beziehungen aufzubauen. Aber auch dies werden mir viele sagen: Ich habe es bisher einfach nicht geschafft, dauerhafte Kontakte zu knüpfen oder gar Netzwerke zu bilden.

Was steckt dahinter – einerseits um die Notwendigkeit von Kontakten zu wissen, andererseits diese nicht zustande bringen zu können?

Ich sage es provozierend: Wer von sich sagt, er könne keine Beziehungen aufbauen, will es nicht wirklich.

Menschen, die immer wieder am Aufbau von wirklich guten Beziehungen scheitern, wollen nicht von ihren alten Vorstellungen loslassen. Sie meinen beispielsweise, eine Beziehung müsse schnellen Nutzen bringen – und damit suchen sie von Anfang an ihren persönlichen Vorteil, anstatt der Absichtslosigkeit Raum zu geben.

Oder: Sie tappen in die Falle, dass sie diejenigen ihrer Kontakte für gut und wichtig halten, die klingende Titel vor sich her tragen. Ein Titel sagt nichts darüber aus, wie viele Beziehungen diese Person tatsächlich hat. Ich kenne Sekretärinnen, die mehr Einfluss und Kontakte im Unternehmen haben als der Chef selbst. Es gilt sich die Menschen anzusehen, die sich hinter den Titeln verbergen!

Viele glauben auch, dass sie für alles, was sie in ihrem Leben Gutes tun, postwendend eine Belohnung bekommen. Und folgt diese Belohnung nicht auf der Stelle, hegen sie sofort den Verdacht, ihr Gegenüber wolle sie ausbeuten.

Ich frage Sie: Wie soll ein Mensch mit solchen Glaubenssätzen jemals eine dauerhafte Beziehung aufbauen können? Wie soll dieser Mensch seinem Gegenüber das gute Gefühl vermitteln, dass er es ehrlich mit ihm meint? Wie soll ein anderer Mensch ihm vertrauen? – Es wird nicht gelingen.

Es mangelt diesem Menschen an dem tief verwurzelten Glauben, dass es wichtig ist, Beziehungen zu schaffen, indem man zunächst gibt und dann wieder und wieder gibt. Es ist – zugegeben – ein ungewöhnlicher Gedanke in der heutigen Zeit, in der jeder jederzeit nach seinem Vorteil schielt.

Und warum ist es so schwer zu geben, anstatt als erstes zu nehmen? Die Menschen ängstigen sich vor dem Gedanken, ausgenutzt zu werden. Darum machen sie so weiter wie bisher und wundern sich, dass das bedingungslose Geben ihnen nicht gelingt. Sie können das Alte nicht loslassen, um Raum für das Neue zu schaffen. Sie halten am Bestehenden fest und schneiden ihre alten Zöpfe nicht ab.

Dies ist nach meinen Erfahrungen eine der grundlegenden Ursachen für das Scheitern im Aufbau von Beziehungen.

Die Tyrannei des Bestehenden

Nennen wir diese Sichtweise die Tyrannei des Bestehenden. Sie wird deutlich, wenn man einmal sehr viel in den Aufbau einer Beziehung investiert hat, ohne irgendetwas dafür zu erhalten. Es ist nur allzu menschlich, in einem solchen Fall all unser Handeln zu bezweifeln und zu meinen, unsere Mühen seien vergebens gewesen und Undank sei der Welt Lohn: Man hält eben an „alten Zöpfen" fest.

Aber gerade an dieser Stelle müssen wir weitermachen und lernen, nicht in alte Muster zu verfallen. Niemand hat gesagt, dass es leicht sei, dauerhafte Beziehungen aufzubauen. Sie brauchen Mut und Willen – aber vor allen Dingen benötigen Sie, damit Sie mit großer Zufriedenheit Ihre Aufgabe erfüllen, die Überzeugung, dass das, was Sie tun, richtig ist.

Wie schwer es ist loszulassen und der Tyrannei des Bestehenden zu entkommen, zeigen immer wieder Menschen, die etwas Neues in den Händen halten. Zum Beispiel Künstler, die eine neue Richtung oder gar eine neue Kunstepoche einleiten, oder auch Unternehmer, die bei Null beginnen und ein Imperium aufbauen.

Künstler, die zu diesem Thema befragt werden, sprechen häufig eine deutliche Sprache. Sie benutzen starke Worte wie Besessenheit oder Obsession, um zu beschreiben, wie man seine Ziele verfolgen und durchsetzen muss.

Unternehmer verwenden ähnliche Begriffe. Sie sprechen vom unbedingten Willen, etwas Neues zu schaffen.

Etwas Neues in die Welt bringen

Und etwas Ähnliches geschieht, wenn Sie Beziehungen im Geschäftsleben jenseits des Egoismus knüpfen. Sie bringen etwas Neues in die Welt – und dazu benötigen Sie eine tiefe innere Überzeugung und eine tiefe innere Zufriedenheit im Umgang mit Menschen. Und Sie müssen aufs Höchste innovativ sein.

Insofern möchte ich Sie auffordern, Kreativität und Mut zu entwickeln. Dann wird es keine Frage mehr sein, ob Sie Beziehungen aufbauen können oder nicht. Dann entstehen Beziehungen von alleine.

24 Merk-Sätze

1. Erwarten Sie nicht von jedem Kontakt, dass er sich sofort auszahlt: Gras wächst auch nicht schneller, wenn man daran zieht.
2. Frischen Sie alte Kontakte auf, obwohl vielleicht viel Zeit verstrichen ist. Warum fangen Sie nicht mit einem Anruf an?
3. Benutzen Sie Ihr Beziehungsnetz nicht, um Kontakte herzustellen, wo keine echte Verbindung mehr besteht.

4. Erweitern Sie Ihren Horizont. Beschränken Sie sich nicht auf eine Zielgruppe.
5. Wenn Sie jemandem einen Gefallen tun, lassen Sie es die andere Person wissen. Stellen Sie Ihr Licht nicht unter den Scheffel.
6. Nutzen Sie die Zeit anderer konstruktiv. In Verbindung bleiben heißt nicht anderen lästig werden.
7. Lassen Sie Ihr Beziehungsnetz nicht löchrig werden. Suchen Sie Möglichkeiten, Kontakt zu halten.
8. Seien Sie bereit, sich für jede Gefälligkeit, die man Ihnen erweist, zu revanchieren. Besser noch: Kommen Sie der Aufforderung zuvor, indem Sie ungefragt etwas für den anderen tun.
9. Erlauben Sie nur dann jemandem, sich auf Sie zu berufen, wenn Sie völlig sicher sind, dass er oder sie Ihren Namen nicht missbraucht.

10. Horten Sie Gefälligkeiten, die man Ihnen schuldet, und seien Sie vorsichtig und wählerisch, wann Sie sie einfordern.

11. Schlagen Sie nicht alle Türen hinter sich zu, wenn Sie aufbrechen, um die Welt zu erobern. Es kann passieren, dass Sie zurückkommen müssen und alte Kontakte auffrischen wollen.

12. Lassen Sie niemanden im Stich, der in ein Tief geraten ist. Im nächsten Jahr könnte er wieder ganz oben sein.

13. Bleiben Sie Mensch. Der beste Weg, sich selbst zu helfen ist, Ihre Beziehungen zu nutzen, um anderen zu helfen.

14. Denken Sie daran: Wer auf den Zehenspitzen steht, hat keinen festen Stand.

25 Der Beziehungstest

Wer kennt nicht das beruhigende Gefühl, dass alle Dinge gut und zufrieden stellend laufen? Man lehnt sich innerlich zurück in der Gewissheit, alles unter Kontrolle zu haben …

Doch Vorsicht! Wenn es um Beziehungen geht, darf man niemals aufhören, sich um seine Kontakte zu kümmern. Bei Beziehungen gibt es kein „Es läuft gut". Der größte Fehler, den Sie machen können ist, nachlässig zu werden. Und die größte Schwierigkeit ist festzustellen, ob das Beziehungssystem zufrieden stellend funktioniert.

Die Fragen lauten also: Wie gut sind Ihre Fähigkeiten, Beziehungen zu knüpfen und zu pflegen? Wie gut laufen Ihre Beziehungen?

Hier ist der Test dazu. Beantworten Sie die Fragen anhand einer Punkteskala von 1 bis 5, wobei 1 für „trifft nicht zu" steht und 5 für „trifft genau zu". So können Sie Ihre Fähigkeiten selbst überprüfen.

1. Ich habe einen großen Bekanntenkreis, an den ich mich wenden kann, wenn ich Hilfe, Rat, Informationen oder Ressourcen brauche.
   ☐ 1   ☐ 2   ☐ 3   ☐ 4   ☐ 5

2. Wenn ich jemanden kennen lerne, halte ich innerhalb von 24 Stunden Informationen über diese Person in einer Kartei fest.
   ☐ 1   ☐ 2   ☐ 3   ☐ 4   ☐ 5

3. Ich erweitere meine Adresskartei mindestens einmal in der Woche um mindestens einen neuen Kontakt.
   □ 1   □ 2   □ 3   □ 4   □ 5

4. Wenn ich neue Kontakte knüpfe, vertiefe ich sie anschließend sofort – indem ich einen Brief schreibe, anrufe oder einen Zeitungsausschnitt schicke.
   □ 1   □ 2   □ 3   □ 4   □ 5

5. Ich halte mich über Dinge, die für meine Bekannten von Bedeutung sind – ihre Familie, Hobbys, Leistungen, Erreichtes und Ähnliches – auf dem Laufenden.
   □ 1   □ 2   □ 3   □ 4   □ 5

6. Ich kann sofort feststellen, wann ich mit jemandem zuletzt Kontakt hatte, indem ich in meiner Adresskartei nachsehe.
   □ 1   □ 2   □ 3   □ 4   □ 5

7. Wenn ich etwas per Post verschicke – Bewerbungsunterlagen, Werbeprospekte, Adressänderungen –, kann ich mich darauf verlassen, dass für jeden in meiner Kartei alle Angaben wie Name, Titel, Adresse korrekt und richtig geschrieben sind.
   □ 1   □ 2   □ 3   □ 4   □ 5

8. Ich kenne besondere Daten wie Geburtstage, Hochzeitstage und Feiertage meiner Bekannten und sende entsprechende Glückwünsche.
   □ 1   □ 2   □ 3   □ 4   □ 5

9. Wenn ich einem Geschäftspartner ein Geschenk machen möchte, kann ich mich darauf verlassen, in meiner Adresskartei Anregungen für gute Ideen zu finden, was dem Betreffenden gefallen könnte.
   □ 1   □ 2   □ 3   □ 4   □ 5

10. Ich mache es anderen leicht, mich in ihr Beziehungsnetz einzubinden, indem ich ihnen meine Visitenkarte gebe, sie über Adressänderungen informiere und über meine beruflichen Veränderungen auf dem Laufenden halte.
   □ 1   □ 2   □ 3   □ 4   □ 5

11. Wenn Freunde in einer bestimmten Angelegenheit qualifizierten Rat oder Hilfe brauchen, kann ich über mein Beziehungsnetz meist jemanden für sie ausfindig machen.

☐ 1   ☐ 2   ☐ 3   ☐ 4   ☐ 5

12. Im Bedarfsfall kann ich über mein Beziehungsnetz spezielle Informationen oder sachkundige Quellen bekommen, mit denen ich einen Kaufinteressenten, einen Vorgesetzten oder einen potenziellen Arbeitgeber verblüffen kann.

☐ 1   ☐ 2   ☐ 3   ☐ 4   ☐ 5

13. Ich bin in der Stadt, die mir nach meiner Heimatstadt am liebsten ist. Es stellt sich heraus, dass ich einen ganzen Tag Zeit für mich habe, ehe ich wieder an die Arbeit muss. Was tue ich?

A) Ich besuche alle Kunstgalerien, Museen, Restaurants, Theater und Sportereignisse, die ich in 24 Stunden unterbringen kann.

B) Ich schließe mich in meinem Hotelzimmer ein und erledige Telefonate, als wäre ich in meinem Büro.

C) Ich picke mir einen potenziellen, bislang aber nicht erschlossenen Kunden heraus, rufe ihn ohne Vorankündigung an, erkläre ihm, dass ich in der Stadt bin, etwas Zeit habe und ihn gern treffen würde, und lade ihn zum Mittagessen ein.

D) wie C), nur suche ich mir einen Kunden aus, mit dem ich bereits Geschäftsverbindungen habe und den ich seit einiger Zeit nicht mehr gesehen habe.

Und hier Ihre persönliche Auswertung. Frage 13 wird folgendermaßen bewertet:

Für Antwort D) gibt es 5 Punkte. Das Stichwort dazu: Es ist wesentlich einfacher, einen alten Kunden zu halten, als einen neuen zu gewinnen. Antwort C) erhält 3 Punkte. Und wenn Sie A) mit C) oder D) verbinden können, gibt es 2 Extrapunkte. Denn warum soll man nicht zwei Fliegen mit einer Klappe schlagen und als Treffpunkt einen besonderen Ort wählen? Für Anwort B) erhalten Sie 1 Punkt. Diese Antwort bedeutet: zwar klägliche Instinkte in der Beziehungspflege, aber tolle Arbeitsmoral. Haben Sie mit A) geantwortet, gibt es keinen Punkt.

Zählen Sie nun Ihre Punkte für alle 13 Fragen zusammen und bewerten Sie Ihr Beziehungsnetz:

0–20 Punkte: Ihre Verbindungen sind zusammengebrochen.

21–35 Punkte: Sie bekommen zwar Anschluss, aber in Ihrem Netz knistert es noch gewaltig.

36–40 Punkte: Ihr Signal kommt durch, könnte aber stärker sein.

41–55 Punkte: Ihr Netz steht und funktioniert. Halten Sie es in Gang.

56–67 Punkte: Sie kommen klar und deutlich rüber!

Maxime

Sie werden nie erfahren, ob Sie gewinnen, wenn Sie den Punktestand nicht prüfen.

Es war einmal ein Mann, der sich für sehr aufgeklärt hielt. Er war überzeugt davon, dass ihm niemand etwas vormachen kann. Eines Tages musste er durch die Wüste wandern und verirrte sich. Nach vielen Tagen endlosen Laufens sah er, vor Hunger und Durst halb wahnsinnig, eine Oase in der Ferne.

„Lass dich nicht täuschen", sagte er sich, „du weißt genau, dass das eine Luftspiegelung ist. Das ist immer so in der Wüste. Das weiß doch jeder. Die Oase existiert gar nicht wirklich, sie ist nur eine Fata Morgana."

Er näherte sich der Oase, doch sie verschwand nicht. Selbst im milden Licht der Dämmerung sah er deutlich die Dattelpalmen. Er sah das Gras, sah sogar Felsen, zwischen denen ein Bach plätscherte.

„Sei vorsichtig", warnte er sich wieder selbst. „Das ist alles nur eine Ausgeburt deiner Hungerphantasie."

Dann hörte er sogar das Wasser sprudeln. „Aha", dachte er sich, „ganz typisch! Eine Gehörhalluzination."

Am nächsten Tag fanden zwei Beduinen den Mann. Er war tot. „Kannst du das verstehen?", fragte der eine Beduine. „Die Datteln wuchsen ihm doch beinahe in den Mund! Und trotzdem ist er gestorben. Wie ist das möglich?"

„Er hat nicht daran geglaubt", antwortete der andere. „Er war ein moderner Mensch."

Der Autor Alfred J. Kremer

Alfred J. Kremer ist Unternehmer aus Leidenschaft und Verfechter der beruflichen Selbstständigkeit. Nachdem er in einem großen Vertriebsunternehmen das Handwerk von der Pike auf gelernt hatte, baute er in kürzester Zeit eine Vertriebsorganisation mit über 50 Millionen Mark Jahresumsatz und ein paar Jahre später ein anderes Unternehmen auf. Wieder entwickelte Alfred J. Kremer eine eigene Verkaufsstrategie und kümmerte sich um den Vertrieb mit rund 1000 Mitarbeitern.

Doch der geschäftliche Erfolg reichte nicht. Alfred J. Kremer organisierte Seminare und Kurse, die die Entwicklung der Persönlichkeit zum Inhalt haben. Aus dieser Arbeit erwuchs ein eigenständiger Tätigkeitsbereich. Die beiden erfolgreichsten Seminare sind „Die Kraft Ihrer Persönlichkeit" und im Vertriebsmanagement „Motivation und Menschenführung – die Grundlagen eines erfolgreichen Unternehmens".

Schließlich gründete Alfred J. Kremer die Firma Multiconsult in München und agiert als deren geschäftsführender Gesellschafter. Das Unternehmen beschäftigt sich mit der Vermarktung von innovativen Finanzprodukten im gesamten Bundesgebiet und liefert seinen Kooperationspartnern nicht nur das jeweilige Produkt, sondern auch den entsprechenden Know-how-Transfer im Netzwerk.

Ein weiterer Meilenstein in Kremers Laufbahn war die Berufung zum Vertriebsvorstand des Hamburger Unternehmens Rothmann & Cie. AG. Dieses Emissionshaus konzipiert und emittiert Leasingfonds für die mittelständische Leasingbranche. Das überaus erfolgreiche Produkt, *RothmannFonds*, wird unter der Regie von Alfred J. Kremer bundesweit von Partnerunternehmen vertrieben.

„Als Berater vieler Unternehmen erkannte ich, dass es nicht nur wichtig ist, gute Produkte anzubieten und den Verkäufer verkaufstechnisch auszubilden, sondern auch den Mitarbeiter in seiner Persönlichkeit weiterzuentwickeln. Die soziale Kompetenz im Umgang mit Kunden und Mitarbeitern als neuer Führungsstil wird zukünftig einen großen Stellenwert in Aufbau und Führung eines erfolgreichen Unternehmens einnehmen", sagt Alfred J. Kremer.

Das vorliegende Buch ist ein Ergebnis dieser Überlegungen – ein Buch aus der Praxis und für die Praxis. **Vorträge zum Thema „Reich durch Beziehungen" können Sie bei der Multiconsult GmbH buchen.**

Kontaktadresse:

Multiconsult GmbH
Nymphenburger Straße 70
80335 München

Tel: (089) 12 11 589-0
Fax: (089) 12 11 58 11
E-Mail: kremer@multiconsult-gmbh.de
www.reich-durch-beziehungen.de

Literaturhinweise

Bolender-Wachtel, Sabina: PR- und Medienberater, Frankfurt 1999

Geffroy, Edgar K.: Das einzige, was stört, ist der Kunde, Landsberg, 13. Aufl. 2000

Geffroy, Edgar K.: Das einzige, was immer noch stört, ist der Kunde, Landsberg, 2. Aufl. 1999

Geffroy, Edgar K.: Clienting, 5. Aufl., Landsberg 1999

Gross, Günter F.: Beruflich Profi, privat Amateur?, 15. Auflage, Landsberg 1998

Popcorn, Faith: Clicking – Der neue Popcornreport, München 1999

Schäfer, Bodo: Der Weg zur finanziellen Freiheit, Frankfurt am Main 1998

Schäfer, Bodo; Ferstl, Carola: Geld tut Frauen richtig gut, Landsberg 1999

Stichwortverzeichnis

-netzwerk, S. 58 f
Kunden
-beziehungen, S. 116 f
-bindungssystem, S. 71

M
Marktgestaltung, kooperative, S. 152 ff
Minimum-Faktoren, S. 131 ff

N
Netzwerk, S. 38

O
Organisationsformen in der Natur, S. 21 ff

P
Pareto-Prinzip, S. 67 ff
Partnersystem, S. 110 f, S. 131 ff
PR-Berater, S. 99

S
Spannungsbilanz, S. 73, S. 123, S. 139 ff
Städtepartnerschaften, S. 72

Synergie, S. 23
-in Unternehmen, S. 30 f

U
Unternehmenskultur, S. 30

V
Vernetzung, der Zivilisation, S. 26
Vertrauen, S. 33, S. 90 f, S. 108 f
Vertrauensverhältnis, S. 109
„Vitamin B", S. 33
Vision, S. 47 fff
-gemeinsame, S. 50 ff
Vorleistungen, S. 36

W
Win-Win-Verhältnis, S. 133
„Wir-Gefühl", S. 42 f
Wirtschafts
-beziehungen, private, S. 73 f
-treffen, S. 102 ff

Z
Zielgruppendefinition, S. 79

So verblüffen Sie Ihre Kunden

Produkte und Preise entscheiden den Wettbewerb schon heute nicht mehr, einzig und allein der Kunde zählt.
In Zukunft werden nur die Unternehmen erfolgreich sein, die ihre Verkäufer zu Beziehungsmanagern ausbilden.

Edgar K. Geffroy zeigt in seinem überarbeiteten Bestseller neue Wege, Kunden langfristig für sich zu gewinnen.

14,5 x 21,5 cm, Hardcover, mattkaschiert, ca. 260 Seiten
DM 59,-/öS 431,-/sFr. 56,-
ISBN 3-478-24600-8

Weiteres zum Thema Kundenmanagement erfahren Sie von dem Spitzenautor Edgar K. Geffroy in den bereits erschienenen Titel „Das einzige, was immer noch stört, ist der Kunde" und „Clienting".

mattkaschiert, 257 Seiten
DM 59,-/öS 431,-/sFr. 56,-
ISBN 3-478-23674-6

mattkaschiert, 361 Seiten
DM 59,-/öS 431,-/sFr. 56,-
ISBN 3-478-24380-7

verlag
moderne industrie